高职高专"十三五"规划教材

汽车维护与保养

皮连根　主编

王　雷　魏　斌　陈　伟　副主编

孙海波　主审

化学工业出版社

·北京·

本书根据汽车维修行业职业能力要求,按照汽车实际维护顺序,参考维修企业的实际维护工作,并以学习的难易程度进行序化,将汽车维护与保养设计了四个项目,分别为汽车认识与维护设备使用、汽车5000公里维护、汽车20000公里维护、汽车40000公里维护,每个学习项目根据需要包含若干个学习任务。全书图文并茂,注重理论联系实际,突出实际应用。

为便于学习,本书设置了二维码,包含微课、视频等,读者可以扫描书中的二维码对照学习。另外,本书有配套电子课件,可登录化学工业出版社教学资源网 www.cipedu.com.cn 或联系 857702606@qq.com 索取。

本书可作为高职高专院校汽车类专业的教材,也可作为中等职业学校、企业培训机构用书,并可供相关汽车维修技术人员参考。

图书在版编目(CIP)数据

汽车维护与保养/皮连根主编. —北京:化学工业出版社,2019.8
高职高专"十三五"规划教材
ISBN 978-7-122-34401-4

Ⅰ.①汽… Ⅱ.①皮… Ⅲ.①汽车-车辆修理-高等职业教育-教材②汽车-车辆保养-高等职业教育-教材 Ⅳ.①U472

中国版本图书馆 CIP 数据核字(2019)第 081114 号

责任编辑:韩庆利　　　　　　　　　　文字编辑:张绪瑞
责任校对:刘　颖　　　　　　　　　　装帧设计:史利平

出版发行:化学工业出版社(北京市东城区青年湖南街13号　邮政编码100011)
印　　装:高教社(天津)印务有限公司
787mm×1092mm　1/16　印张10　字数244千字　2019年8月北京第1版第1次印刷

购书咨询:010-64518888　　售后服务:010-64518899
网　　址:http://www.cip.com.cn
凡购买本书,如有缺损质量问题,本社销售中心负责调换。

定　　价:32.00元　　　　　　　　　　　　　　　　　　　　　　版权所有　违者必究

  汽车维修企业日常工作任务的70%都是与汽车维护相关的工作，学生走上工作岗位后，首先面临的最基础的工作任务是汽车维护与保养，用人单位常以学生能否独立进行汽车维护与保养来评价学生的上岗能力，为适应企业要求，故将"汽车维护与保养"作为一门独立的专业基础、基本技能课程。

  本课程属于汽车检测与维修技术专业的一门专业技术基础课程，以"工学结合、做学合一、理实一体"的教学理念进行课程设计，编写过程中，十分注重与企业的紧密切合，邀请了行业专家共同完成教材的编写工作，突出职业教育的产教融合，校企合作。根据汽车检测与维修技术专业的人才培养方案要求，学生在完成"汽车维护与保养"课程后，能独立完成汽车40000公里及以下维护工作，并能讲解维护原理与操作规范；能在作业过程中体现安全、环保、效率、5S、团队协作等理念，使学生具备相应的专业能力、社会能力和方法能力。

  本教材是采用工作过程系统化的理念，以实际的工作过程为主线，按照汽车的正常使用过程中出现的维护类别和项目来进行教学任务的开发，并以任务的实施来展开教学。根据汽车维修行业职业能力要求，按照汽车实际维护顺序，参考维修企业的实际维护工作，并以学习的难易程度进行序化，将汽车维护与保养设计了四个项目，分别为汽车认识与维护设备使用、汽车5000公里维护、汽车20000公里维护、汽车40000公里维护，每个项目根据需要包含若干个学习任务。

  每个项目根据项目化教学的需要，先将项目进行描述，并详细说明本项目的学习目标，并根据高职生的实际情况编写了项目的学习引导内容，用问题的方式引导同学自学及课外讨论，进一步提高学习的针对性和有效性。

  参与本教材编写的人员有常州工程职业技术学院皮连根、倪晋尚、彭卫锋、于瑞、王中磊、吴孟宝，南通涌鑫之福汽车销售服务有限公司孙超，湖州宝景汽车服务有限公司郭德志，太平洋汽车网连云港区域陈家宽，常州龙之宝宝马专修店杨洪峰，潍坊职业学院王雷，安徽交通职业技术学院张翼，常州工贸技工学校魏斌，淮海技师学院陈伟，本书由常州工程职业技术学院孙海波担任主审，在此，对他们付出的努力表示感谢！

  本书设置了二维码，包含微课、视频等，读者可以扫描书中的二维码对照学习。另外，本书有配套电子课件，可登录化学工业出版社教学资源网 www.cipedu.com.cn 或联系 857702606@qq.com 索取。

  由于编者水平有限，加之时间仓促，难免有不足之处，敬请老师、同学批评指正。

编 者

目录 CONTENTS

项目1 汽车认识与维护设备使用 ... 1

情境描述 ... 1
学习目标 ... 1
任务 1.1　汽车功能操作 ... 1
　1.1.1　相关知识 ... 1
　1.1.2　任务实施 ... 5
　1.1.3　拓展与延伸 ... 13
任务 1.2　使用举升机 ... 17
　1.2.1　相关知识 ... 17
　1.2.2　任务实施 ... 20
　1.2.3　拓展与延伸 ... 22
任务 1.3　使用扒胎机 ... 24
　1.3.1　相关知识 ... 24
　1.3.2　任务实施 ... 25
　1.3.3　拓展与延伸 ... 26
任务 1.4　使用冷媒加注机制冷剂 ... 27
　1.4.1　相关知识 ... 27
　1.4.2　任务实施 ... 29
　1.4.3　拓展与延伸 ... 32
任务 1.5　使用动平衡仪 ... 33
　1.5.1　相关知识 ... 33
　1.5.2　任务实施 ... 34
　1.5.3　拓展与延伸 ... 36
思考与练习 ... 39

项目2 汽车5000公里维护 ... 40

情境描述 ... 40

学习目标 ·· 40
任务 2.1 更换机油滤清器 ··· 41
   2.1.1 相关知识 ·· 41
   2.1.2 任务实施 ·· 42
   2.1.3 拓展与延伸 ·· 42
任务 2.2 检查汽车空气滤清器 ·· 43
   2.2.1 相关知识 ·· 43
   2.2.2 任务实施 ·· 43
   2.2.3 拓展与延伸 ·· 44
任务 2.3 检查冷却液 ·· 45
   2.3.1 相关知识 ·· 45
   2.3.2 任务实施 ·· 49
   2.3.3 拓展与延伸 ·· 50
任务 2.4 检查其他油液 ·· 52
   2.4.1 相关知识 ·· 52
   2.4.2 任务实施 ·· 52
   2.4.3 拓展与延伸 ·· 55
任务 2.5 检查皮带 ·· 57
   2.5.1 相关知识 ·· 57
   2.5.2 任务实施 ·· 58
   2.5.3 拓展与延伸 ·· 59
任务 2.6 轮胎检查与维护 ·· 60
   2.6.1 相关知识 ·· 60
   2.6.2 任务实施 ·· 62
   2.6.3 拓展与延伸 ·· 64
思考与练习 ··· 66

项目3 汽车20000公里维护 　　68

情境描述 ·· 68
学习目标 ·· 68
任务 3.1 蓄电池检查与维护 ·· 69
   3.1.1 相关知识 ·· 69
   3.1.2 任务实施 ·· 78
   3.1.3 拓展与延伸 ·· 81
任务 3.2 更换汽油滤清器 ·· 83
   3.2.1 相关知识 ·· 84
   3.2.2 任务实施 ·· 85
   3.2.3 拓展与延伸 ·· 86

任务 3.3　制动系统检查与维护 …………………………………… 87
　　3.3.1　相关知识 ……………………………………………… 87
　　3.3.2　任务实施 ……………………………………………… 93
　　3.3.3　拓展与延伸 …………………………………………… 95
任务 3.4　悬架系统检查与维护 …………………………………… 96
　　3.4.1　相关知识 ……………………………………………… 96
　　3.4.2　任务实施 ……………………………………………… 101
　　3.4.3　拓展与延伸 …………………………………………… 103
任务 3.5　进排气系统检查与维护 ………………………………… 104
　　3.5.1　相关知识 ……………………………………………… 104
　　3.5.2　任务实施 ……………………………………………… 105
　　3.5.3　拓展与延伸 …………………………………………… 106
思考与练习 …………………………………………………………… 107

项目4　汽车40000公里维护　　109

情境描述 ……………………………………………………………… 109
学习目标 ……………………………………………………………… 109
任务 4.1　火花塞检查与更换 ……………………………………… 110
　　4.1.1　相关知识 ……………………………………………… 110
　　4.1.2　任务实施 ……………………………………………… 115
　　4.1.3　拓展与延伸 …………………………………………… 116
任务 4.2　空调系统检查与维护 …………………………………… 119
　　4.2.1　相关知识 ……………………………………………… 119
　　4.2.2　任务实施 ……………………………………………… 128
　　4.2.3　拓展与延伸 …………………………………………… 139
思考与练习 …………………………………………………………… 141

附　录　汽车维护与保养中英文对照　　144

参考文献　　153

项目1 汽车认识与维护设备使用

 情境描述

张师傅购买了一辆富康轿车，需要全面了解下汽车的使用情况、各功能的操作以及注意事项；另外想咨询车辆日常维护、驾驶安全、车辆维护费用等信息，请接待该新车客户，满足张师傅的要求，确保客户熟悉自己的汽车，并能够按照相关规程和要求进行用车。

 学习目标

1. 能礼貌、熟练地向客户介绍富康汽车日常维护内容及功能；
2. 能向不同类型的客户示范日常维护的各项工作，进行愉快有效沟通；
3. 能解答客户有关车辆使用及费用的各种疑问；
4. 掌握主要维护设备的结构，了解设备的工作原理；
5. 能使用主要维护设备；
6. 具备汽车维修的职业道德和职业素养。

任务1.1 汽车功能操作

1.1.1 相关知识

以富康车为例，将富康车上的各标识指出来，如图1-1所示。

以下对图1-1重要编号进行解释。

（1）油漆编号

油漆编号（依车型而定）即为该车身油漆颜色编号，由5个字符组成，可作为油漆维修时的参考。例如，宝石蓝代码：BONLG。

（2）备件组织号

备件组织号又名备件流水号，是生产线零件装配的批号参数。在每台轿车装配完毕后，

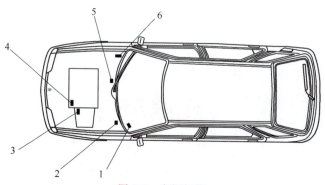

图 1-1 车辆标识

1—VIN 标牌；2—油漆编号；3—变速器标识号；4—发动机号；5—VIN 打印号；6—产品标牌

都有一个相应的备件组织号。

由于组织号是区分产品更改的参数，因此在维修作业中，涉及零件更改的部位时，必须注意到该车的备件组织号。更换零件时，必须查找对应备件组织号的备件零件号。

在备件目录中，注明了备件组织号的零件表示更改前后零件不能通用，并且有不同备件编号，如某零件标明备件组织号为：6008＞，则说明该零件适用于备件组织号为 6008 以后的车辆。若备件组织为：＜6008，则说明该零件适用于备件组织号为 6008 以前的车辆。通用零件在备件目录中不注明备件组织号。

例如：

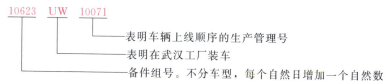

注：2005 年 12 月 5 日的备件组号为 10619；2006 年 1 月 1 日的备件组号为 10646。

（3）发动机号（如图 1-2 和图 1-3 所示）

发动机号目前由发动机型号和顺序号（7 位阿拉伯数字）构成，是用户档案的重要参数之一。

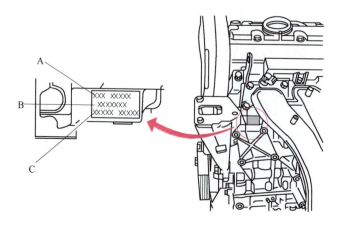

图 1-2 发动机标识铭牌位置

A—发动机型号；B—机构标识（进口发动机状态）；C—生产序列号

图 1-3 中，发动机型号为 TU3AF，顺序号为 0000947。

制造厂铭牌是用来反映客户车辆整车及发动机重要参数的信息，一般位于发动机舱内（如图 1-4 所示）。

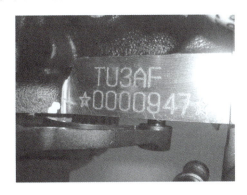

图 1-3　发动机标识铭牌

图 1-4　制造厂铭牌

从图 1-4 所示铭牌反映出的信息如下。

东风雪铁龙毕加索 轿车 PSA　RFN　10LH46。

型号：DC7202AT。

座位数：5。

发动机型号：10LH46。

总质量：1820kg。

发动机排量：1.997L。

出厂编号：10439。

发动机功率：99kW。

出厂日期：2006.11。

(4) VIN 号（图 1-5）

VIN 是英文 Vehicle Identification Number（车辆识别码）的缩写。因为 ASE 标准规定：VIN 码由 17 位字符组成，所以俗称十七位码。它包含了车辆的生产厂家、年代、车型、车身形式及代码、发动机代码及组装地点等信息。

下面以神龙汽车为例介绍。神龙汽车有限公司于 1998 年 11 月 23 日起，采用国际上通用的车辆识别代号（VIN），同时停止原打印方式。VIN 号由三部分组成共 17 个字符。

图 1-5　VIN 号

```
LDC    24    1   L   3   6   4   0   138975
 A      B    C   D   E   F   G   H     I
```

A——世界制造厂识别代号（WMI）：LDC（正数前三位），神龙汽车有限公司的车辆WMI号为LDC。

B——车型代码：以两位数表示（正数第四、五位），如表1-1所示。

表1-1 车型代码

车　　型	车型代码	车　　型	车型代码
DC 7165 AB/DB(世嘉)	C4	DC 7168 B(C2 1.6)	62
DC 7162 (毕加索1.6)	81	DC 7141 RPC(富康1.4)	13
DC 7163 16V(爱丽舍16V)	73	DC 7148(C2 1.4)	62
DC 7160 AXC(富康1.68V)	24	DC 7163 AT/DT(新爱丽舍)	70
DC 7163 X(爱丽舍8V)	72	DC 7205(凯旋)	C4
DC 7200 D(毕加索2.0)	82		

C——车身外形（正数第六位），如表1-2所示。

表1-2 车身外形

代　码	代　码	代　码	代　码
0	不完整车辆	3	3厢4门
1	2厢5门	8	1厢5门
2	厢式车身		

D——发动机形式（正数第七位），如表1-3所示。

表1-3 发动机形式

代　码	发动机形式	代　码	发动机形式
D	TU3JP/K 带三元催化器	W	EW10J4
E	TU5JP/K 带三元催化器	X	EW10A

E——变速器形式（正数第八位），如表1-4所示。

F——检验位（正数第九位），由其他字符产生的检验。

G——制造年份（倒数第八位，正数第十位），如表1-5所示。

表1-4 变速器形式

代　号	变速器形式	代　号	变速器形式
2	5挡MA/BE4型变速器	3	AL4自动变速器

表1-5 制造年份

年份	代码	年份	代码	年份	代码	年份	代码
1995	S	1999	X	2003	3	2007	7
1996	T	2000	Y	2004	4	2008	8
1997	V	2001	1	2005	5	2009	9
1998	W	2002	2	2006	6	2010	A

H——指示装配厂：由于神龙公司当时只有一家装配厂，故此值为"0"。

I——车辆顺序号：一种车型一种顺序号，即习惯上所说的车架号（VIN 号的后六位，前十一位称为车身号）。

1.1.2 任务实施

（1）车门锁的使用

① 用钥匙锁、开车门 当钥匙向车的前方转动时为锁上车门，当钥匙向车的后方转动时为开车门，如图 1-6 所示。

注：现市场多用遥控钥匙开启车门和关闭车门，这类车的开启与关闭，直接按压开关和关闭钥匙上的按钮即可。

② 如何打开前、后车门 在解除门锁保险按钮锁止状态的情况下，从车外拉动外手柄（图1-7），从车内拉动内手柄（图1-8），可分别打开前或后车门。

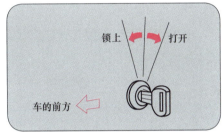

图 1-6 用钥匙锁、开车门示意

图 1-7 车外拉动外手柄示意图

图 1-8 车内拉动内手柄示意图

③ 门锁保险按钮 向下按保险按钮，门锁即锁上，向上拔出保险按钮则解除锁止状态（图 1-9）。

④ 不用钥匙在车外锁上前车门 当门锁保险按钮处于锁止状态时，在车外拉起外手柄的同时，关紧车门（图 1-10），便可将车门锁上。

图 1-9 门锁保险按钮解锁状态示意图

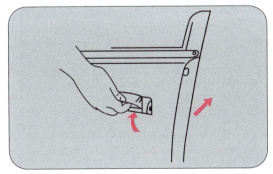

图 1-10 不用钥匙在车外锁车门示意图

⑤ 后车门儿童保护装置 若有低龄儿童乘坐后座同行时，为了防止汽车在行驶过程

中，从车内误将后门打开，应将本车后门儿童保护装置按钮按图1-11所示方向拨至下方，在这种情况下关上后车门，安全装置便起作用。此时从车内无法打开车门，只能从车门外打开。

⑥ 打开后车门　在门锁未被锁止的情况下，在车外向外拉起外手柄或从车内拉起内手柄均可打开后车门。但当后门儿童保护按钮处于锁止位置时，后门便不能从里面打开了，只能从外面打开车门。

⑦ 从车外锁后车门　向下按保险按钮，关上车门，其门锁便被锁上（图1-12）。关门时无须拉起外手柄。

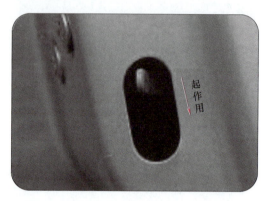

图1-11　后车门儿童保护装置按钮使用方法

图1-12　门锁保险按钮

（2）中控门锁的使用

通过驾驶员边门（左前门）内板上的门锁保险按钮或用左前车门的钥匙，可以控制四个车门的开和关。按下开关按钮四门都处于锁止状态，向上拔出开关按钮，四个门都处于解锁状态（中控门锁开关与点火开关状态无关）。

（3）前座椅的调整

① 前座椅前后方向的调整　拉起座椅下面的调节操纵杆（图1-13），使前座椅滑动到便于驾驶和乘坐舒适的位置；调整好座椅后一定要确认座椅被锁止。

② 前座椅靠背倾角的调整　向上拉起调整杆（图1-14），调整靠背斜度到最舒适的角度为止，调好后松开调整杆以锁住。

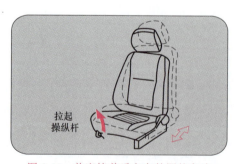

图1-13　前座椅前后方向的调整方法

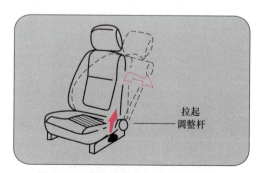

图1-14　前座椅靠背倾角的调整方法

③ 座椅头枕的调整　调整头枕的高度，使它处于头部的后面。方法是：握住头枕向上拔，就可升高头枕；当要头枕降低时，将头枕左边锁止钮向内推，同时往下按压头枕（图

1-15），即使其定位器分离后头枕才能下降。

（4）安全带的使用

① 扣上安全带　握住舌板将它插入扣板中（图1-16）。当把肩带松放回到缠绕装置时，要控制舌板使其顺利舒展地卷回。

② 解开安全带　按下扣板上的按钮，并拉动舌板，安全带就解开了（图1-17）。当把肩带松放回到缠绕装置时，要控制舌板使其顺利舒展地卷回。

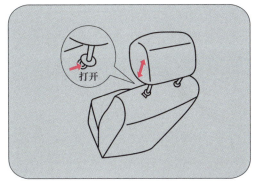

图1-15　座椅头枕的调整方法示意

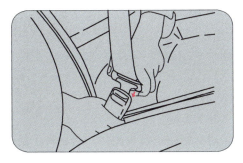

图1-16　扣上安全带示意图

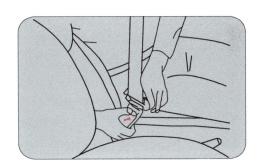

图1-17　解开安全带示意图

（5）点火开关点火

点火开关位于仪表板上转向管柱的右侧，它具有四个挡位（图1-18）："LOCK"（锁死）、"ACC"（附件）、"ON"（接通）和"START"（启动）。

当点火开关处于"LOCK"挡［图1-18（a）］时，才能插入或拔下点火开关钥匙，此时，转向盘被锁死而不能转动；当汽车在行驶中，绝不能将钥匙从点火开关上拔出或旋到"LOCK"位置，否则由于方向盘被锁住，会导致转向控制失灵。

当把点火开关转至"ACC"挡［图1-18（b）］时，发动机的点火电路被切断，即发动机不工作，但收放机和点烟器的电源还是接通的。遇有钥匙不能顺利地从"LOCK"位置旋到"ACC"位置时，可左右旋动一下方向盘。

钥匙旋在"ON"挡［图1-18（c）］时，接通发动机点火电路，是发动机工作的位置。但当发动机不工作时，绝对不要将钥匙长时间停留在"ON"位置上，否则会导致蓄电池的

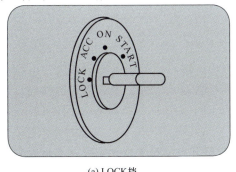

(a) LOCK挡

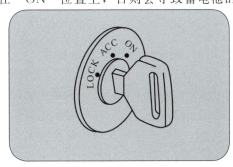

(b) ACC挡

图1-18

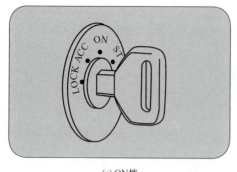
(c) ON挡

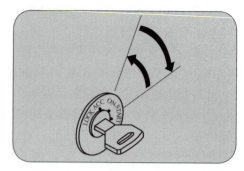
(d) START挡

图1-18 点火开关的挡位

电能全部放完。

当要启动发动机时，应将钥匙旋到"START"位置［图1-18（d）］，启动后随即松手，钥匙会自动回到"ON"挡位置上。在点火钥匙旋到"START"挡位之前，一定要将变速杆放在空挡位上。

（6）驻车操纵杆的操纵

驻车制动方法：用力向上拉起手动制动杆（图1-19）。

解除驻车制动的方法：稍稍拉起一点手制动杆，用拇指按下棘齿按钮，然后将手制动杆放到底，则驻车制动作用被解除，且手制动警告灯熄灭。

汽车起步前，一定要彻底解除驻车制动，若存在制动拖滞，会使后轮制动器过热，导致后制动性能降低、过早磨损并增加油耗。

停车时，要用力将驻车制动操纵杆拉到底。

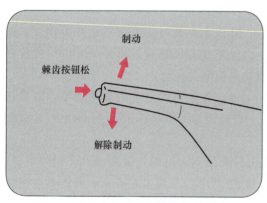
图1-19 驻车制动操纵杆的操作方法

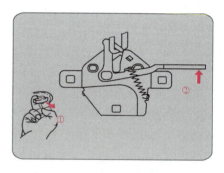
图1-20 打开发动机盖的方法

（7）发动机盖的打开与关闭

① 打开发动机盖 发动机盖具有双保险的锁止机构，第一道锁止机构的开启，由拉动驾驶座旁仪表板下面的发动机盖手柄①（图1-20），使机盖自动上弹，脱开第一道锁钩。第二道锁止机构的开启，需要在车前面用右手指从机盖下向上拨动二挡锁钩手柄，即可打开发动机盖。采用双重锁止机构是出于安全角度考虑。

当冲洗车辆时，注意不要在抬起刮水器刮臂的同时打开发动机盖，否则或发动机盖会被刮伤，或刮水臂和刮片会被损坏。

② 支撑发动机盖（图1-21） 打开发动机盖，然后轻轻托起发动机盖，发动机盖会自动

③ 关上发动机盖（图1-22） 拉下发动机盖，然后向下压发动机盖，当听到一声轻微的"咔嚓"声时，即表示已盖牢。若有疑问时，一定要检查，重新关盖好；若盖未盖好，将会造成事故，用户一定要注意。

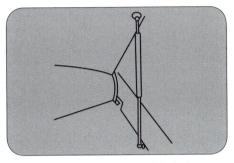

图1-21 支撑发动机盖的方法

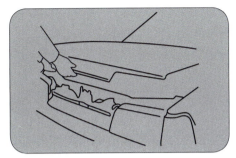

图1-22 发动机盖的关盖方法

（8）置物箱的打开与关闭

用两手指如箭头所示轻轻夹住箱门钮扣（图1-23），并向外拉，即可打开置物箱盖。汽车在行驶过程中一定关好置物箱，轻轻上推便可关上。

（9）室内后视镜调节

平时一定要使室内后视镜处于合适的位置，以便驾驶员能清楚地观察后面车内外的情况；但在夜间行驶时，为减少后面车辆的灯光在室内后视镜中反射，可上下扳动到合适的位置。

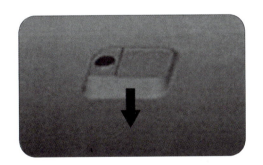

图1-23 置物箱钮扣打开方法

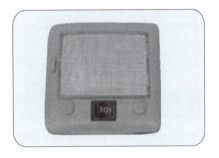

图1-24 室内灯开、关方法

（10）室内灯的开与关

室内灯开关（图1-24）"Ⅱ"端按下时，室内灯点亮；若要关闭室内灯，则将开关扳到中间的"O"位置。当室内灯开关"Ⅰ"端按下时，则只有车门被打开时，室内灯才亮，而且如果车门没有安全关好，则室内灯不会熄灭，同时四个门下端的门控灯（发光二极管）也不会熄灭，以警告车门没关好。

（11）背门（行李厢门）开和关

拉起位于驾驶左侧地板附近的行李厢锁开关或用钥匙打开背门锁，用手把背门抬起（图1-25）；当背门安全打开时，它可停留在升起的位置。关闭时，轻轻地按下背门，便可关上。关闭背门时，务必使背门锁锁好，以避免排气管排出的有害气体进入车厢内部。

图 1-25 背门（行李厢门）打开的方法

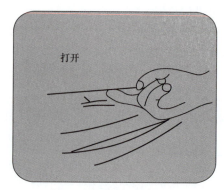

图 1-26 油箱口外盖打开

（12）油箱口外盖的开、关及油箱口内盖开、锁

用手指轻轻打开油箱口外盖（图 1-26），然后一手握住油箱口内盖，一手将钥匙插入油箱口内盖锁口，逆时针方向转动钥匙半圈，再将油箱口内盖逆时针拧出。盖上时拧动方向则相反，拧紧时应听见"咔嗒"一声，表明已拧紧。并用钥匙锁上油箱口内盖，盖好油箱口外盖。

（13）电动中控门窗玻璃升降开关操作

目前常用的玻璃升降机有臂式传动和钢丝绳传动两种结构形式，本车使用的为前者。电动驱动是通过可逆直流电动机和减速装置将动力传给驱动齿轮来实现的，减速机构同时还起着防倒转的作用。点火开关置在"ON"时为电动门窗玻璃升降电路供电，小保险丝盒里中间一个 20A 保险丝为该电路使用。如图 1-27 所示。

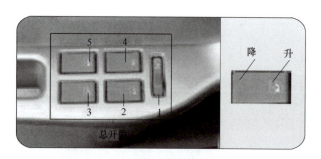

图 1-27 电动中控门窗玻璃升降开关

1—玻璃升降器锁止按钮；2—右前门窗玻璃升降开关；
3—右后门窗玻璃升降开关；4—左前门窗玻璃升降开关；
5—左后门窗玻璃升降开关

图 1-28 手动玻璃升降器手柄

对于手动玻璃升降器，可通过转动车门内饰板上的玻璃升降器手柄（图 1-28）控制车门玻璃的升降。

使用方法：

① 按住玻璃升降器开光的前端玻璃上升，按住后端则降下玻璃。

② 按玻璃升降器锁止按钮（图 1-27）右端，使其处于锁止状态中，使其他门玻璃升降器按钮功能失效。

③ 左前方玻璃升降器具有点动功能。按一下开关前端，该车门自动升到顶部，按一下开关后端，则该车门玻璃降到底部。

（14）电动外后视镜使用

装于左后前车门外两侧的后视镜由后视镜旋钮控制［图1-29（a）］，后视镜旋钮装在驾驶座旁的左前方内板上。转动旋钮使白色标记处于要操纵的后视镜（L左边、R右边，两者之间不工作），上下左右拨动旋钮头部可调整后视镜镜片到合适位置。

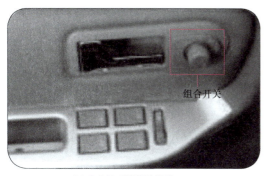

(a) 电动外后视镜的调整　　　　　　　　(b) 手动后视镜的调整

图1-29　后视镜的调整

对于手动后视镜［图1-29（b）］，可直接用手去调整后视镜及镜片使得在镜中刚好看到可看到的车侧后面。

（15）空调系统的操纵

空调系统的操纵是通过鼓风机旋钮、温度调节旋钮以及出风位置旋钮等来实现的。如图1-30所示。

图1-30　空调系统控制板

1—风量大小；2—温度调节；3—模式调节；4—制冷开关；5—内循环

① 空调开关（AC）　空调开关（AC）是控制制冷、除湿的开关，在发动机工作的情况下，按下此开关并打开鼓风机，空调压缩机接通工作，指示灯点亮，各出风口输出冷风，再按一下开关，空调压缩机便停止工作，指示灯熄灭，当环境温度降到0℃左右时即使打开空调开关，除湿功能也不起作用，这时，若挡风玻璃和车门玻璃有霜雾时，可将出风口位置旋转到挡位。在雨天，挡风玻璃和车门玻璃上一层雾气会使玻璃清晰度降低，当遇此情况时，可用空调制冷方式或除霜雾方式除去。

按下打开空调（指示灯点亮）制冷除湿，再次按下则关闭。

只有发动机运转时制冷设备才会工作。

当环境温度降到0℃左右时，即使打开空调开关，除湿功能也不起作用。

转动温度调节旋钮可调节出风口空气的温度。

② 空气循环开关　按下开关（指示灯点亮），则将空气由外循环改为车内循环，这种模式仅限于需要快速制冷或升温以及当外部空气污浊时使用，长时间使用这种模式，车内可能会通风不良，还可能使前风挡玻璃上形成雾气，因此只能短时间使用此种模式。

③ 出风位置旋钮　出风位置旋钮用于调节系统风向，使用吹向风挡玻璃或车内人体不同部位。

　　———旋钮旋至此位置时，风吹向人体上半部。

　　———旋钮旋至此位置时，风吹向人体中、下部。

　　———旋钮旋至此位置时，风吹向人体下半部。

　　———旋钮旋至此位置时，风吹向风挡玻璃除霜雾。

④ 出风口的布置（见图1-31）　如果在烈日下较长时间停放车辆，则车内的温度会升得很高。在这种情况下，应首先打开所有的车窗让热空气排到车外，然后关闭车窗并打开空调。

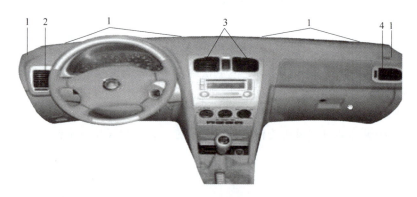

图1-31　空调出风口的布置

1—除霜雾出风口；2—左侧出风口；3—中间出风口；4—右侧出风口

⑤ 暖风切换开关使用说明（选装）　为提高空调制冷效率，本车配置了暖风切换开关（图1-32），当用户需要使用暖风时，应打开机盖，将开关旋转至开的位置。当无需使用暖风并且车外温度较高时应将开关旋转至关的位置以便提高空调制冷效率。

当暖风切换开关关闭时，暖风装置将不会工作。

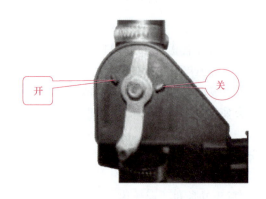 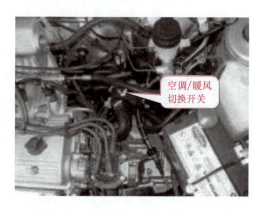

图1-32　暖风切换开关

1.1.3 拓展与延伸

（1）灯光组合开关

灯光组合开关的功能是灯管控制、变光控制和转向信号控制等。前照灯、转向灯、前位灯共用一块组合底板和一个灯罩。

① 灯光控制开关　旋转灯光组合开关手柄末端的灯光控制开关（图1-33）可改变挡位（1挡、2挡），各挡位可接通的灯光情况见表1-6（表中○表示灯点亮）。

表1-6　灯光控制开关

开关位置 灯名	接通	
	1挡	2挡
前照灯	—	○
前位灯	○	○
后位灯	○	○
牌照灯	○	○
仪表照明灯	○	○

② 变光开关　当灯光组合开关末端的手柄处于2挡位置时，向下推动开关手柄，远光灯亮，且仪表板中右方的微淡蓝色远光指示灯也亮；当开关手柄处于中间位置时，近光灯亮（图1-34）。若用前大灯给出夜间超车信号时，可上下推动手柄。

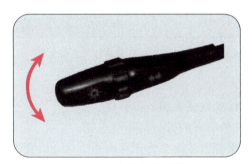

图1-33　灯光控制开关

图1-34　变光开关

③ 转向信号开关　当汽车右转弯或左转弯时，向前或向后拨动手柄（图1-35），组合仪表板上的指示灯也显示右旋或左旋向的信号。

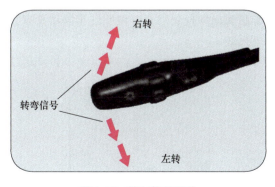

图1-35　转向信号开关

图1-36　雾灯开关

本车转向手柄具有自动回位功能,即当转向动作完毕,转向手柄无需用手扳回,而能自动回位。

(2) 前、后雾灯开关

两个前雾灯是当汽车在有雾、雪和大雨天气或者在尘埃弥漫的条件下行驶时,为改善道路照明,确保行车安全而设置的辅助照明灯具。汽车后雾灯是在同前雾灯相同条件下行驶时才点亮,目的是提醒车后的汽车驾驶员注意,应保持车距,以免造成追尾撞车事故。接通后雾灯时,前雾灯也工作,前后共用一个雾灯开关(图1-36)。

(3) 前、后刮水器开关和洗涤器开关

将右手柄向后扳动,前刮水器就工作,刮水器有高、低、间隔三个速度。若手柄上拉(图1-37),洗涤液就会喷出,以冲洗前风挡玻璃。顺时针转动右手柄,后刮水器开始工作。

(4) 危险警示信号开关

此开关位于仪表台上两中间出风口之间(图1-38)。当按下此开关时,所有转向信号灯同时闪烁,以告知前面和后面往来的车辆,该车处于非正常或停车状态;仪表板上的该系统的警示灯也同时闪烁。非特殊情况不要使用本危险警示信号。

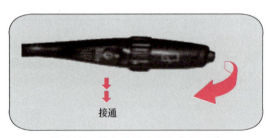

图1-37 刮水器开关和洗涤器开关

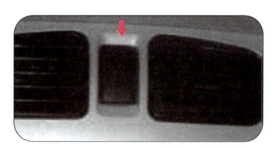

图1-38 危险警示信号开关

(5) 报警灯

当传感器检测出该系统的不正常状态时,警告灯就点亮表明故障存在。

把点火开关选到"ON"上时,除制动液警告灯外所有的警告灯都应点亮。

发动机启动后,再把手制动操纵杆放到底。如果警告系统工作正常,那么所有的警告灯将熄灭。

如果将点火开关旋到"ON"上,警告灯不亮,则表示警告系统出现了故障。如灯泡烧坏或者短路等,因此要进行检修。

① 驻车制动报警灯 驻车制动报警灯装在仪表盘上(图1-39);停车时,当拉起驻车手制动操纵杆,手制动报警灯就会亮。如果放下驻车制动操纵杆仍然亮,说明驻车制动没有完全接触,可将驻车手制动操纵杆推到底,灯就会熄灭。

② 制动液面报警灯 制动液面报警灯装在仪表盘上(图1-40);在汽车行驶中如果此灯

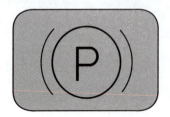

图1-39 驻车制动报警灯

图1-40 制动液面报警灯

点亮，说明制动主缸中的制动液面过低，即制动液不足，警告驾驶员应添加制动液。

③ 充电报警灯　充电报警灯安装在仪表盘上；在发动机运转中，若充电系统出现故障，不充分，此灯会自动点亮（图1-41）；提醒驾驶员应检查发电机皮带或充电电路。

④ 油压报警灯　油压报警灯安装在仪表盘上；在发动机运转时，若发动机润滑系统出现故障（如油压过低等）；油压报警灯就会自动点亮（图1-42），以警告驾驶员不应该继续行驶，应停车检修。

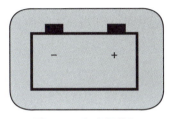

图1-41　充电报警灯

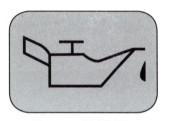

图1-42　油压报警灯

（6）前制动器摩擦片磨损限量报警

前轮制动衬片磨损到使用极限时，制动衬片磨损限量报警器会发出警报声；即汽车行驶时，如果听到机械振鸣声，即簧片刮擦声（图1-43）时，提醒驾驶员要尽快检查或更换前制动器摩擦衬片。

（7）倒车雷达鸣叫报警

倒车雷达由几个传感器、一个带微电脑的控制器和一个蜂鸣器组成，其原理是制动超声波感测倒车障碍物的距离信号。当挂上倒挡后，系统激活并给一轻声信号。倒车时，无论是在白天、夜晚，还是雨雪天，当车后遇有1.5m以内的障碍物时，蜂鸣器会鸣叫警告。因技术特性，该装置存在盲点，可能探测不到某些区域的障碍物。倒车时应注意车后是否有细柱子或篱笆等，因为系统可能识别不了这些障碍物。该装置虽然能在倒车时帮助驾驶员避免发生事故，但仍然应集中注意力，切勿大意。

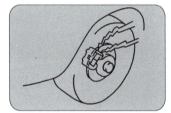

图1-43　前轮制动衬片磨损报警示意图

（8）转速表、车速表、里程表（图1-44）

发动机转速表是指示发动机的瞬时转速，计量单位是r/min；车速表是指示汽车的瞬时行驶速度，计量单位是km/h。总里程表是指示汽车累计行驶里程，计量单位是km；日里

图1-44　转速表、车速表、里程表的表盘

程表是记录当日或当时的行驶里程,由于是从零开始记录行驶距离,只要按一下里程表回零钮,就可回零后开始记录新里程数。

(9) 燃油表

燃油表(图1-45)是指示油箱里所储汽油的多少(相对量)。只有把点火开关旋到"ON"处,然后表才进入工作状态。当指针向"1"时为油箱满位;当指针低于"0"位时,说明油箱仅有少量储备汽油。

(10) 水温表

水温表是指示发动机冷却的温度(图1-46)。如果水温表的指针指向120°附近区域,说明发动机冷却系统发生了故障或是水箱冷却液不足,应立即停车检查。

图1-45 燃油表盘

图1-46 水温表盘

检查时应注意:检查前应先让发动机冷却下来,以免烫伤皮肤。当点火开关接通时,风扇会随时转动起来,请不要去触摸它。当要打开装有热冷却液的散热器的盖时,为防止烫伤,应在盖的周围包上厚垫布,然后小心地旋动盖1/4周,使冷却系内的压力释放,以免冷却液在压力下喷出伤人。

(11) 点烟器和烟灰盒

① 点烟器 把点烟器翻转后,将点烟器[图1-47(b)]推到底然后松手,约20s后它将自动弹回到原来的位置,拉出点烟器,灼热的电阻丝便可供点烟用。若20s后不能自动弹回,说明它有故障,应拉回原位置,待修理。

(a) 烟灰盒

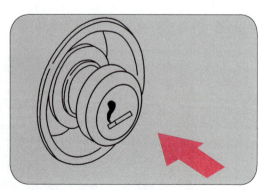

(b) 点烟器

图1-47 烟灰盒使用和点烟器通电方法

② 烟灰盒[图1-47(a)] 使用时打开烟灰盒外盖,清理时将烟灰盒取出来。

(12) 安全气囊

该车安装的是 SRS-40 机械安全气囊,它必须配合安全带使用。其作用是在第一次碰撞和第二次惯性碰撞之间,迅速在驾驶员与汽车内部构造之间产生一个充满气体的气垫,让驾驶员扑在气垫上,通过气囊阻尼排气等过程吸收驾驶员的惯性动能,使第二次碰撞得以减缓,保护其安全(图 1-48)。

安全气囊并不是在任何碰撞中都会起爆,必须满足相关要求(图 1-49),使得技术碰撞点与纵轴线夹角小于 30°和碰撞强度足够大这两个条件时才起爆。如果车辆受到侧面、后方撞击或者翻滚、意外击打方向盘转向柱等,安全气囊应不会起爆。

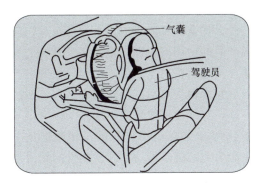

图 1-48　驾驶员安全气囊展开示意图

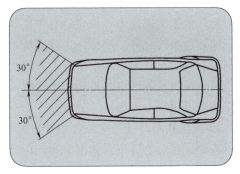

图 1-49　安全气囊正面碰撞有效角度示意图

SRS-40 系统不需要维修和保养,可保证 10 年内能正常工作,过了 10 年有效期,须由气囊生产厂的专业维修人员更换 SRS-40 系统的气体发生器中总成。

需注意的是:安全气囊只是辅助安全系统,必须与安全带配合使用,在粗糙的路面行驶时尽可能放慢车速,以免车辆底部受到严重的撞击而导致气囊系统起爆;在任何时候都不要用特大的力打击方向盘或方向柱,以防误爆;不要尝试自己来维修或移动安全气囊系统,这些工作必须由有资格的技术人员操作;不要在方向盘上粘贴任何标志、标签;按喇叭时应按喇叭盖边缘,避免排挤喇叭盖中部。

任务 1.2　使用举升机

1.2.1　相关知识

(1) 举升机分类

市场上销售的举升机主要分类有双柱式、四柱式、无柱式三大类型。双柱式按传动形式又分为机械式和液压式。

① 机械式举升机　机械式举升机的工作原理是在每根立柱里有一套丝杆螺母传动机构,两套传动机构之间由藏于底架中的套筒滚子链来传递连接动力,使两根立柱里的托举系统保持同步上升。设计优良的机械式举升机必须具有以下几种安全保险装置。

a. 要有安全螺母保护系统。工作螺母磨损失效后靠安全螺母支承托举整个系统,使车辆不致坠落,此时按动启动按钮,举升机应不能正常举升。但实际使用中,很多修理人员在遇到这情况时不仔细检查，违反操作直接按动接触器强行启动，靠安全螺母来升降，这样安全螺母会很快损坏致使车辆坠落。为了避免这种情况，市面上某些举升机设计了安全螺母保护系统，如果工作螺母失效，即使按动接触器强行启动，举升机也不会举升，确保安全，避免事故的发生。

  b. 要有两边托举系统不同步的保险，比如底架中的链条断裂。

  c. 要有上下限位开关和极限开关。

  d. 要在托举系统中加锁紧支臂保险，这样举升车辆时，保证支臂不会转动，可以安全可靠地支承车辆。

  e. 要选用合格的材料。由于双柱机的结构特点决定了它的举升臂和立柱承受悬臂和载荷时会产生很大的应力，承力件易于损坏。所以，设计优良的举升机应注重合理选材，而不能一味地追求轻、薄、小等，为降低成本而不重视产品的使用安全性。机械式举升机的螺母应选用优质的铜合金材料，市场上有些举升机的螺母采用工程尼龙。由于工程尼龙的生产工艺及配方控制不够严格，质量也不稳定，而且工程尼龙摩擦受热后变形比铜合金大，摩擦力就会增大，这样会增加传动的阻力，润滑效果也不好，实际使用效果并不理想。

  ② 液压式举升机 液压式举升机分单缸式和双缸式。单缸式举升机的工作原理是主立柱里的油缸通过主链条带动主滑架，再通过连于主滑架上的链条带动；副立柱里的副滑架同步上升、下降。它有以下几种安全保险装置：

  a. 液压系统过载保护及液压自锁；

  b. 机械锁止装置；

  c. 链条断裂保护装置。

  液压双缸举升机除了上述几种安全保险装置外，还应有两缸同步平衡装置和防止液压管突然爆裂装置，以防油管损坏发生车辆倾翻的情况（这种装置，目前使用较少），如果机械锁止装置失效后也会产生这种情况。由于机械式举升机存在螺母丝杆等零件较容易磨损、维修保养量大、噪声高等特点，随着现代液压技术不断进步，国内已能够生产质量过关的液压泵、液压缸、液压阀等关键部件，因此，现在液压式双柱机在数量上已超过了机械式双柱机成为主流品种。

  ③ 四柱式举升机 四柱式举升机基本上都是液压传动式，工作油缸可以放置在两立柱之间的顶部，立柱里边，停车平台里边。其中油缸放置在停车平台里边的机型，平台升降平稳，外观简洁明了，是比较理想的一种。根据不同的使用目的，四柱举升机可以配置副梁，这样可以将车辆四个轮子架空，进行四轮保养操作。若在平台上设置二次举升小车，还可以进行四轮定位项目。这种带二次举升小车的四柱式举升机已成为四轮定位专用举升机主流机型。和双柱式举升机相比，四柱式举升机可以进行较大型车辆举升作业，适用范围更广。今后这种机型的使用量应该会大幅度增加。

  四柱式举升机应该有以下安全保险装置：

  a. 液压系统过载保护及锁定；

  b. 钢丝绳及链条断裂保护装置；

  c. 平台在高位的机械锁定装置；

  d. 二次举升小车举升后的机械锁定装置；

  e. 二次举升小车能可靠回位的装置。

  如果一台四柱式举升机缺少以上任何一种装置都是不安全的。

④ 无柱式举升机　无柱式举升机以剪式举升机为主，有单剪式、单剪子母式、双剪式。由于无立柱，下降后整个维修区域无任何障碍物，因而视野开阔，节省空间，是比较受欢迎的机型。目前单剪子母式是其主流机型，已成为除四柱式举升机以外另一种四轮定位专用举升机。双剪式由于其体积较小，在一些快修店、汽车美容店较受欢迎。但是由于剪式机技术难度较大，因而其制造成本大于其他机型，市场价格也比其他机型高，这也限制了它的发展空间。

（2）双柱式举升机结构

它的结构主要包括以下几个部分：举升装置、同步驱动装置、立柱和托臂。普通双柱式举升机的举升机构的传动系统是由液压系统来驱动和控制的，由两边两个立柱里安装的液压油缸来推动连接立柱与滑台的链条，使滑台上安装的大滚轮沿立柱滚动，实现滑台的上下移动。用钢丝绳作为同步装置来保持整个举升机的同步性。托臂与立柱内的滑台相连，当滑台上下移动时就带动托臂一起移动（见图1-50）。

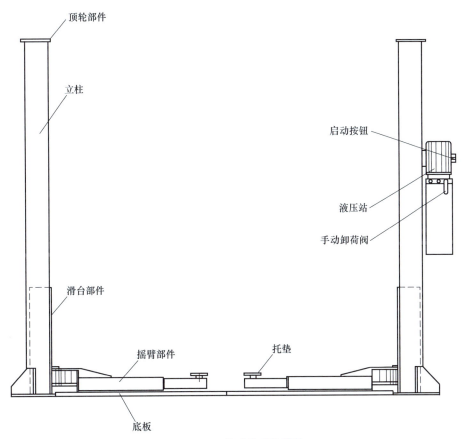

图1-50　双柱式举升机结构

① 举升装置　是由液压系统以及电箱组成的。通过电箱的开关启动电动机来控制液压单元，液压油进出液压缸，并通过链条连接液压缸和滑台来带动整个设备的举升动作。左右两边立柱内的两个举升装置是通过液压软管来连接的，它的一个不足的地方就是左右两个液压缸在开始举升时有一个时间差，这会导致因左右两边的举升速度不一样而举升不平衡。因此，在液压举升的基础上增加了钢丝绳的同步装置，用这样的同步装置来弥补液压缸带来的缺点。

② 同步驱动装置　是利用两根钢丝绳连接两个油缸，通过钢丝绳同步。底盖板式举升机是利用油管连接两个油缸，液压油通过单向阀在两个油缸里面流动，起到同步作用。通过钢丝绳来保持同步，两个柱子上的滑台分别连有两根钢丝绳的一头，通过柱子顶部和底部的滑轮保持调平。两个规格相同的液压缸要实现同步，就要保证进入两条油缸的流量相等。普通的同步只要将油源分成两个油路分别进入两个液压缸，要精确一点的话就要用到分流集流阀；更高一个层次的话要靠比例阀或者伺服阀实现了。

③ 立柱　普通双柱式汽车举升机的立柱有两个，分别是左、右两边各有一个立柱。整个汽车举升机的重量几乎都是由立柱来支撑的，因此它必须要有一定的强度和刚度。立柱中间的空间是用来放置举升装置以及滑台部件的。整个立柱部分的形位公差要求也是比较高，水平方向的立柱臂和垂直方向的立柱壁要求保持一定的直线度和平行度，立柱内外表面还要有一定的粗糙度等。

④ 托臂　是属于举升机的支撑机构。当汽车进入到举升机的范围时，整个支撑机构就通过改变摇臂的角度或方向来延长托臂的整个工作范围的宽度。本次设计的支撑机构是非对称式的托臂，这样设计增加了托臂的宽度，实质就等于增加了托臂的工作范围，而且左右两侧托臂的臂长都是有一定的伸缩性的。

（3）双柱式举升机的特点

a. 性能可靠，低能耗，操作方便。

b. 无横梁，结构简单。

c. 非对称托臂可伸缩，保证了安全性。

d. 托脚的最低位置低，使得车辆的底盘可以比较低，对各种车辆的适应性扩大了。

e. 与螺杆式的举升机相比，使用寿命较长。

f. 价格低廉，拥有的市场份额较大。

1.2.2　任务实施

目前，全国生产汽车举升机的厂家较多，生产的举升机的形式也比较繁多，有双柱式举升机、四柱式举升机、剪式举升机、组合移动汽车式举升机等。

双柱举升机的正确使用

（1）双柱式举升机

① 使用要求

a. 举升托臂应尽量缩到最小长度，举升胶垫应放在车辆推荐举升部位下面的中部，并调节举升胶垫以便均匀接触。

b. 先将举升托臂升至举升胶垫完全接触车辆，检查是否已牢固负载。

c. 缓慢将车辆从地面升起确保平衡负载，再举升至所需工作高度。

d. 放开上升按钮，将车辆降低至安全保险位置，即可进行维修工作。

e. 放下车辆前应先举升车辆，将安全保险打开，再按下降按钮使车辆缓慢下降至举升臂放至最低为止，移开举升臂，驶出车辆。

双柱式汽车举升机是一种汽车修理和保养单位常用的举升设备，广泛应用于轿车等小型车的维修和保养。

② 操作规程

a. 使用前应清除举升机附近妨碍作业的器具及杂物，并检查操作手柄是否正常。

b. 操作机构灵敏有效，液压系统不允许有爬行现象。

c. 待举升车辆驶入后，应将举升机支撑块调整移动对正该车型规定的举升点，举升臂应尽量缩到最小长度，并调节举升胶垫以便均匀接触。

d. 支车时，四个支角应在同一平面上，调整支角胶垫高度使其接触车辆底盘支撑部位，使举升臂升至举升胶垫完全接触车辆，检查是否已牢固负载。

e. 举升时人员应离开车辆，缓慢将车辆从地面升起确保平衡负载，再举升至所需工作高度。

f. 放开上升按钮，将车辆降低至安全保险位置，即可进行维修工作。

g. 放下车辆前应先举升车辆，将安全保险拉开，再按下降手柄使车辆缓慢下降至举升臂放至最低为止，移开举升臂，驶出车辆。

h. 举升器不得频繁起落。

i. 有人作业时严禁升降举升机。

j. 发现操作机构不灵，电机不同步，托架不平或液压部分漏油，应及时报修，不得带故障操作。

k. 作业完毕应清除杂物，打扫举升机周围以保持场地整洁。

l. 除保养及小修项目外，其他烦琐笨重作业，不得在举升机上操作修理。

③ 维护要点

a. 常规的维护必须每三个月由操作者进行，如果用户使用频率较高或在较恶劣的环境下使用，用户自行视具体情况相应缩短维护保养时间。

b. 每天操作过程中，必须检查安全装置是否灵敏有效，液压系统是否泄漏，油量是否充足，并对立柱导轨加润滑脂。

c. 检查主、副保险钩工作是否灵敏可靠。

d. 检查同步钢丝绳是否松动。如松动，应张紧并固定。

e. 检查油箱内的油量，补足液压油。

f. 清洗液压系统。

g. 液压油常不应有任何压力（零压力），举升机上无任何负载，加注 N46 号抗磨液压油，废油处理必须按当地环保规定执行。规定一年更换一次（首次使用三个月更换）。更换液压油时，把举升机降至最低位置。

h. 清洗立柱导轨上的油污和毛刺，检查滑块磨损是否严重，应及时更换。

（2）四柱式举升机

① 使用规程

a. 按说明书对有关部位进行日常检查。

b. 检查液压油箱的油位是否正常。

c. 接通电源开关。

d. 按上升按钮，工作平台应能正常上升。松开按钮，工作平台应能可靠停止。

e. 上升到一定高度后停止，将工作平台挂钩挂上，此时四个挂钩必须能可靠地挂在立柱内的挂板上。

f. 转动换向阀供气时，四个挂钩应能完全脱离挂板。

g. 按下降按钮，工作平台应以正常速度下降，松开下降按钮，工作平台应能可靠停止。

h. 在上述过程中，机器应无异常噪声及其他不正常现象。

② 举升机负载操作

a. 将汽车驶上工作平台后，拉紧刹车手闸，驾驶员撤离工作平台。

b. 将防滑支座可靠地垫在汽车轮胎的前后方。
　　c. 不供气状态下，按上升按钮，将工作平台升至所需的高度。
　　d. 点动下降按钮，使四个挂钩均可靠地支承在挂板上，此时方可进入工作区进行维修或调整作业。
　　e. 修理或调整工作完毕后，点动上升按钮，将换向阀转至供气位置，使四个挂钩脱离挂板，按下降按钮，工作平台下降。
　　f. 工作平台降至下极限位置时，撤去防滑支座，将汽车驶离工作平台。
　　③ 使用注意事项
　　a. 应设专人操作、保养、维修举升机设备，禁止未阅读过说明书及无操作资格的人员擅自开动举升机。
　　b. 汽车停放的位置应使其重心接近工作平台的重心。
　　c. 严禁超载运行。
　　d. 工作平台升降过程中，任何人员不得滞留于工作平台上或工作平台下面。
　　e. 禁止本机在故障情况下运行。
　　f. 只有在确定四个安全挂钩挂上后，人员方可进入工作区。
　　g. 在工作平台停留的汽车必须拉紧手闸及垫好防滑支座。
　　h. 举升机不使用时应下降至最低位置，并切断电源。
　　i. 举升机使用一段时间后，钢丝绳会被不同程度的拉长，以致引起工作平台不平及四个挂钩不能同步挂上。此时应及时调整钢丝绳的长度。
　　j. 应严格按本说明书对机器进行保养及检修。
　　k. 保修范围：本产品自出厂之日起非人为损坏的实行一年免费保修。凡因用户自行安装和使用或自行拆修不当而引致的人为事故或设备损坏，不属保修范围。

1.2.3　拓展与延伸

　　（1）举升机电源指示灯不亮、电动机不转不上升故障排除
　　① 急停按钮接触不良
　　检查方法：旋开急停按钮，用万用表测量按钮两端接线端子是否导通。如不导通，则检查急停按钮内的触点。
　　解决方案：拆开急停开关，重新调整内部弹簧与触点，或者直接更换急停按钮。
　　② 断路器跳闸
　　检查方法：
　　a. 打开控制盒盖板，检查是否有断路器跳闸；
　　b. 若合闸后立即再次跳闸，则用万用表检查断路器的连接线是否短路；
　　c. 若合闸后用一段时间再次跳闸，则是断路器的问题。
　　解决方案：修复短路的线路，必要时更换断路器。
　　③ 变压器损坏
　　检查方法：用万用表测量变压器的380V输入电压和24V输出电压，如果没有24V电压输出，就说明变压器损坏。
　　解决方案：更换变压器。

（2）电源指示灯亮、电动机不转不上升故障排除

① 上升按钮触点接触不良

检查方法：按住上升按钮，用万用表测量按钮两端接线是否导通，如未接通则说明按钮损坏。

解决方案：更换上升按钮。

② 限位开关故障或线路接触不良

检查方法：在控制盒里找到高度限位开关和车顶防撞限位开关的端子，并用一根线短接，若电动机能正常工作，则说明限位开关故障或线路接触不良。

解决方案：更换限位开关或修复相关线路。

③ 交流接触器线圈烧毁

检查方法：接通电源，按住上升按钮，测量交流接触器线圈两端是否有 24V 电压，若有电压，即说明交流接触器线圈烧毁。

解决方案：更换交流接触器。

④ 电动机线圈烧毁

检查方法：打开电源开关，按住上升按钮，打开电动机端盖，用万用表测量端子是否有电压，若有电压，但电动机仍不能工作，则说明电动机有问题。

解决方案：更换电动机。

（3）电动机转动但不上升故障排除

① 液压油不足

检查方法：目视油桶上的油标刻度尺，检查油桶内的液压油是否达到标准用量。

解决方案：将液压油加注至该机型的标准用量。

② 电动机反转

检查方法：按上升按钮时，观察油桶内的液压油是否有气泡，如果有则说明电动机反转。

解决方案：将连接电动机的 380V 电源线中间的那根与两边任意一根线对调。

③ 电磁卸荷阀芯未关紧

检查方法：用手按下电磁卸荷阀阀芯，检查是否可以顺时针拧动。

解决方案：拧紧电磁卸荷阀阀芯。

④ 电磁卸荷阀损坏

检查方法：将节流阀拧紧，再按上升按钮，如果举升机上升，则可判断为电磁卸荷阀问题。

解决方案：更换电磁卸荷阀阀芯。注意：换完后要将节流阀调整回正确位置。

⑤ 齿轮泵、联轴器、吸油管损坏

检查方法：

a. 检查吸油管是否松动脱落或接口处是否有裂纹；

b. 拆开齿轮泵，检查齿轮泵密封圈是否破损；

c. 检查联轴器或齿轮泵是否损坏。

解决方案：

a. 拧紧或更换吸油管；

b. 更换齿轮泵密封圈或齿轮泵；

c. 更换联轴器或齿轮泵。

　　⑥ 溢流阀损坏

　　检查方法：如其他检查没有问题，则将溢流阀阀芯拧紧半圈后，看举升机能否上升。

　　解决方案：如果仍不能上升，则更换溢流阀。

　　(4) 举升机上升后不能下降故障排除

　　① 下降按钮接触不良

　　检查方法：按住下降按钮，用万用表测量按钮两端接线是否导通，如未接通则说明按钮损坏。

　　解决方案：更换下降按钮。

　　② 电磁卸荷阀线圈烧毁或中间继电器接触不良

　　检查方法：按住下降按钮，检查电磁卸荷阀线圈上的灯是否亮。如果灯亮，保险也能打开，但举升机仍然不下降，则判定线圈烧毁。如果灯不亮，则检查继电器触点。

　　解决方案：更换电磁卸荷阀线圈或者修复继电器触点。

　　③ 桥式整流器线脱落或损坏

　　检查方法：按住下降按钮，检查电磁卸荷阀灯是否亮，如不亮保险也打不开，则判断桥式整流器线脱落或损坏。

　　解决方案：重新接线或更换桥式整流器。

任务 1.3　使用扒胎机

1.3.1　相关知识

　　(1) 扒胎机

　　扒胎机也称为轮胎拆装机，是在汽车维修时辅助拆卸、安装汽车轮胎必不可少的汽车维修设备。随着扒胎机市场越来越大，技术的更新换代速度飞涨，目前扒胎机种类众多，有气动式扒胎机、全自动扒胎机、手动式扒胎机、液压式扒胎机等，而最为常见的是气动式扒胎机。

　　气动扒胎机集各种功能于一身，是目前市场上最先进的机型之一，也是国内唯一的功能最全、性能最好的机型，该机具有双侧的机械气动助力臂，适合各种的操作方法，操作比较简便快捷。可以提高工作效率，特别适用于轮胎厂生产线配套。采用的是立柱气动后倾，推拉气动自动锁紧设计。

　　手动扒胎机是根据市场需求最新推出的改良产品，其性能与质量更加稳定可靠。扒胎机可以完成拆胎、装胎、充气于一体，还具有辅助臂等装置使拆装宽扁轮胎更方便、更安全可靠。适用于各种中小型车轮胎的拆装和充气，是汽车修理厂和汽车轮胎店的得力助手。

　　(2) 扒胎机的分类

　　① 按照拆装范围分：小、中型轮胎拆装机和大型轮胎拆装机。

　　一般来说，拆装范围在 20in（1in＝0.0254m，下同）以下的属于小型轮胎拆装机，最大范围 24in 的属于中型轮胎拆装机，大于 24in 的属于大型轮胎拆装机。

② 按照拆装机的设计样式分：立式轮胎拆装机和卧式轮胎拆装机。一般小、中型轮胎拆装机都采用立式，大型轮胎拆装机采用卧式。

③ 按照拆装机的动力来源分：电动轮胎拆装机和气动轮胎拆装机。电动轮胎拆装机与气动轮胎拆装机的区别在于：前者由电动机带动，后者由压缩空气作为动力源使气动泵转动。一直以来电动轮胎拆装机在市场处于主导地位，最近气动轮胎拆装机在国外越来越普及。

④ 按照拆装机的功用分：经济型轮胎拆装机、普通型轮胎拆装机和豪华型轮胎拆装机。它们之间的区别主要为：经济型轮胎拆装机的摆臂为手动，普通型轮胎拆装机的摆臂为脚踏气动控制，而豪华型轮胎拆装机在普通型基础上增加了辅助装置，适用于豪华型轿车宽扁轮胎的拆装。

⑤ 按照拆装机的传动方式分：气体传动轮胎拆装机和液压传动轮胎拆装机。气体传动与液压传动的区别在于：气体传动速度较快，但效率较低；反之则是液压传动。

（3）扒胎机的结构
① 主机工作台：轮胎主要是在这个台上被拆的，主要起到放置轮胎、旋转等作用。
② 分离臂：在拆轮胎机的一侧，主要是用来将轮胎与轮辋分离，使拆胎顺利进行。
③ 充放气装置：主要起到将轮胎的气放掉以利于充气或拆装，另外还有测量气压的气压表。一般的轮胎压力都等于 0.2MPa。
④ 脚踏板：在拆胎机的下面有 3 个脚踏板开关，作用分别为，顺时针逆时针旋转开关，分离夹紧开关，分离轮辋和轮胎开关。
⑤ 润滑液：利于轮胎的拆装，减少轮胎拆装过程中损害，使轮胎拆装工作更好地完成。
⑥ 压缩空气接口。

1.3.2 任务实施

（1）扒胎机操作规程
① 由专人负责设备的定期技术保养，严禁未经专业操作培训人员使用。
② 操作使用时，非操作人员勿靠近机器。
③ 严禁机器直接接触水，场地不准有可燃气体，避免异物进入运动件。
④ 如果扒胎受阻，应立即停止，上台踏板，让转盘逆时针转动，从而清除障碍。
⑤ 扒胎时尽量使身体远离运动件。
⑥ 操作人员不可穿宽松的服装进行工作。
⑦ 在撑开内夹轮毂过程中，绝不可以把手放到轮胎和夹钳之间。
⑧ 轮胎充气时，压力计量显示和压强不可超出轮胎厂家标注的范围。
⑨ 出厂时，双锁紧机构已完成调试，操作者不可随意调整，设备不可带病操作。
⑩ 当安装和拆卸轮胎时为了不损坏轮辋特别是铝合金轮辋必须用专用撬杠。为了方便轮胎的拆卸和保护轮胎与轮辋，因此在轮胎和轮辋之间，分离铲在要插入的位置使用工业润滑剂或肥皂水进行润滑。
⑪ 对于某些类型轮胎，要注意外侧壁的凸缘和轮胎上标出的转动方向。
⑫ 要将轮胎安装在尺寸相应的轮辋上，在安装和拆卸轮胎之前要检查轮辋是否受过伤。
⑬ 在任何情况下，要注意轮胎制造商对专用轮胎的安装和拆卸的要求。

⑭ 在给轮胎充气的时候要使轮胎内的压力均匀的增加，并尽可能地经常查看轮胎边缘情况。

⑮ 清除车轮上的杂物和平衡块，以免发生危险，除去车轮平衡块时要用专用工具。

⑯ 使用前应清除轮胎拆装机上及附近妨碍作业的器具及杂物，并检查机器各部是否正常。

⑰ 拆卸轮胎时先将轮胎内的气体完全放净，去掉钢圈上所有铅块。

⑱ 拆胎前，将轮胎放到轮胎挤压位置，反复转动轮胎并操作挤压臂使轮胎和钢圈彻底分离，挤压过程中应防止手深入挤压臂内。

⑲ 轮胎搬上扒胎机时应避免磕碰设备，踩下踏板锁住钢圈前，应确认卡盘和钢圈之间没有异物，不允许用手指探察钢圈是否放正。

⑳ 拆装轮胎前应该用毛刷在轮胎内圈抹好润滑液，禁止使用矿物油作润滑液。

㉑ 拆装轮胎过程中，用撬棍将轮胎边挑到轮辋上方时，应注意撬棍的用力方向和力度，绝不允许将手深入撬开的缝隙中。轮胎边挑到轮辋上方后，才能踩下踏板使卡盘旋转，将轮胎扒出钢圈。

㉒ 轮胎充气前应首先确认轮胎气压表是否正常，充气时一定按照汽车的规定进行操作。

㉓ 在安装或拆轮胎的过程中注意扒胎机的拆装头与轮毂的距离，避免损伤轮毂表面。

㉔ 扒胎时应将轮毂夹持牢固，检查好之后再启动，转动时严禁用手分离轮胎。

（2）注意事项

① 轮胎拆装机严禁在露天使用。

② 轮胎拆装机要配有自动断路器，可调在 30A。

③ 确定液压电动机运转方向与箭头一致，否则需要专业人员调换相线。

④ 操作人员必须经过专业培训，持有操作证，并且不得留有长发，不得穿肥大的衣服，不得戴领带、戒指、项链，以防止被机器移动部件挂住。

⑤ 拆装前必须将轮胎气放干净。

⑥ 拆装前，必须排放汽油滤芯中的积水，确保电动机转动皮带松紧适度。

⑦ 所有移动部件必须保持清洁，必要时用汽油清洁，并做好润滑工作，确保拆装器转动灵活。

⑧ 拆装轮胎时，严禁充气。

⑨ 在安装或拆轮胎的过程中注意扒胎机的拆装头与轮毂的距离，避免损伤轮毂表面。

⑩ 扒胎时应将轮毂夹持牢固，检查好之后再启动，转动时严禁用手分离轮胎。

⑪ 加气时手应放在安全位置，防止夹伤。

1.3.3 拓展与延伸

只有专业人员才可进行相关工作。在进行任何维护与保养的工作之前，应断开电源并使电源插头在维修人员的监控范围之内，同时关掉气源并将气体开关推到关闭位置且踏下大气缸脚踏和扭转夹紧气缸控制手柄，排尽机器内余留压缩空气。为正确使用拆装机和延长其使用寿命，按说明书要求定期维护与保养是很有必要的，否则机器的运行和可靠性将受到影响，并可能使操作者或机器附近的人员受到伤害。

① 日维护

a. 检查机械部分作用是否良好。

b. 检查各部件，遇磨损过大、灵敏度不高或故障，及时向车间主任汇报。

c. 记录：车间指定负责人。

d. 负责：车间指定负责人。

e. 检查：质量技术部抽查。

② 周维护

a. 保证减速箱内有足够的润滑油，油量不足时及时补充。

b. 用柴油清洗转盘并润滑卡爪及其导轨，并使其保持干净。

c. 检查并调节传动带的张紧力。

d. 维护保养润滑轮胎拆装机活动部件，使其处于良好技术状态。

e. 实施：设备负责人。

f. 记录：车间指定负责人。

g. 负责：车间指定负责人。

h. 检查：质量技术部抽查。注意：车轮拆装机的维护保养至少每月一次。

③ 特定维护

a. 液压油开始使用累计10h，必须更换一次，这样，会明显延长液压系统的使用寿命，以后每年换油一次。液压油型号：L-HM22，用量6L。

b. 检查油雾器油杯的油位，如需加油，先切断气源，用手拧下油杯，用气压矿物油SAE30号充满。

c. 清洁撑轮圈的所有动件，并涂抹润滑油。

d. 定期检查并拧紧所有连接部分的螺栓。

e. 保持六角型垂直轴或四方轴的干净，并涂抹润滑油。

f. 检查传动带的张力，当需调整时应适当向下调整A和B处调节螺母，以达到张紧驱动皮带的作用。

g. 保持机械及工作区域的干净，以避免灰尘进入动件。

h. 凡相互产生位移的结合面和互相摩擦的结合面每周应使用基脂类的油品进行润滑。

i. 用户应在空气压缩机处配备一个油水分离器，以减少通过机器中水蒸气。

任务1.4　使用冷媒加注机制冷剂

1.4.1　相关知识

（1）汽车空调的工作原理

压缩机运转时，将蒸发器内产生的低温低压制冷剂蒸气吸入并压缩后，在高温高压的状况下排出。这些气态蒸气流入冷凝器，并在此受到散热和冷却风扇的作用强制冷却。这时，制冷剂由气态变为液态。被液化了的制冷剂，进入干燥器，除去了水和杂质后，流入膨胀阀。高压的液态制冷剂从膨胀阀的小孔流出，变为低压雾状后流入蒸发器。雾状制冷剂在蒸发器内吸热汽化变为气态制冷剂，从而使蒸发器表面温度下降。从送风机出来的空气，不断流过蒸发器表面，被冷却后送进车厢内降温。气态制冷剂通过蒸发器后又重新被压缩机吸入，这样反复循环即可达到制冷目的。

（2）汽车空调的主要功能

主要包括以下4大部分：制冷、制热、通风、除湿。

制冷：汽车空调的压缩机依靠汽车发动机提供动力，汽车在怠速状态下，打开空调制冷，怠速会明显提高，油耗也会相应增加。油耗增加的大小与环境温度有最直接的关系，环境温度高，制冷剂膨胀的压力大，发动机驱动空调的消耗也相应加大，环境温度低，油耗相应减少。

制热：汽车空调制热与压缩机没有丝毫关系，制热的热源不是空调本身获取的，是由汽车的散热水箱提供。早晨在热车前，空调吹出来的是冷风，待热车后空调热风源源不断地送出来。制热本身基本没有能量消耗。但在冬季，为了提升水温，加大喷油量，也使耗油量增加。

通风：通风分为内循环和外循环，使用内循环时，车内空气基本不与外界交流；使用外循环时，位于风挡玻璃下的新风口会将外界的空气源源不断地送进来，以保持车内空气的清新。

除湿：空调制冷的过程就是除湿的过程，从制冷时产生的大量冷凝水就可以看出来。在湿度较大的阴雨天气或是温差太大的时候，车内的玻璃上容易起雾，打开空调驱雾就是一个除湿的过程。

（3）汽车空调的组成

汽车空调一般主要由电磁离合器、压缩机、冷凝器、蒸发器、膨胀阀、储液干燥器、管道、冷凝风扇等组成。汽车空调分高压管路和低压管路。

① 电磁离合器　在非独立式汽车空调制冷系统中，压缩机是由汽车主发动机驱动的。在需要时接通或切断发动机与压缩机之间的动力传递。另外，当压缩机过载时，它还能起到一定的保护作用。因此，通过控制电磁离合器的结合与分离，就可接通与断开压缩机。当空调开关接通时，电流通过电磁离合器的电磁线圈，电磁线圈产生电磁吸力，使压缩机的压力板与皮带轮结合，将发动机的扭矩传递给压缩机主轴，使压缩机主轴旋转。当断开空调开关时，电磁线圈的吸力消失。在弹簧作用下，压力板和皮带轮脱离，压缩机便停止工作。

② 压缩机　压缩机使制冷剂完成从气态到液态的转变过程，达到制冷剂散热凝露的目的。同时在整个空调系统，压缩机还是管路内介质运转的压力源，没有它，系统不仅不制冷而且还失去了运行的动力。

③ 冷凝器　汽车空调制冷系统中的冷凝器是一种由管子与散热片组合起来的热交换器。其作用是将压缩机排出的高温、高压制冷剂蒸汽进行冷却，使其凝结为高压制冷剂液体。

④ 蒸发器　也是一种热交换器，也称冷却器，是制冷循环中获得冷气的直接器件。其作用是将来自热力膨胀阀的低温、低压液态制冷剂在其管道中蒸发，使蒸发器和周围空气的温度降低。同时对空气起减湿作用。

⑤ 膨胀阀　膨胀阀也称节流阀，是组成汽车空调制冷系统的主要部件，安装在蒸发器入口处，是汽车空调制冷系统的高压与低压的分界点。其功用是：把来自储液干燥器的高压液态制冷剂节流减压，调节和控制进入蒸发器中的液态制冷剂量，使之适应制冷负荷的变化，同时可防止压缩机发生"液击"现象（即未蒸发的液态制冷剂进入压缩机后被压缩，极易引起压缩机阀片的损坏）使得蒸发器出口蒸汽异常过热。

⑥ 储液干燥器　储液干燥器简称储液器。安装在冷凝器和膨胀阀之间，其作用是临时

储存从冷凝器流出的液态制冷剂,以便制冷负荷变动和系统中有微漏时,能及时补充和调整供给热力膨胀阀的液态制冷剂量,以保证制冷剂流动的连续性和稳定性。同时,可防止过多的液态制冷剂储存在冷凝器里,使冷凝器的传热面积减少而使散热效率降低。

⑦ 风机 汽车空调制冷系统采用的风机,大部分是靠电动机带动的气体输送机械,它对空气进行较小的增压,以便将冷空气送到所需要的车室内,或将冷凝器四周的热空气吹到车外,因而风机在空调制冷系统中是十分重要的设备。

(4) 制冷循环的四个过程

制冷系统通过制冷剂的气液两相转换时所形成的吸热和放热过程实现制冷,围绕制冷剂的气液转换,制冷工作循环可归纳为压缩、放热、节流和吸热四个过程。

① 压缩过程 压缩机将从蒸发器中吸入的低压中温制冷剂蒸气进行压缩,使之成为高温高压的蒸气并送入冷凝器。压缩过程使制冷剂蒸气达到了液化所需的压力和温度。

② 放热过程 高温高压的气态制冷剂在冷凝器中冷凝并与车外空气进行热交换(放热),转变为高温高压液态制冷剂。这一过程使制冷剂中的热量得以释放并通过冷凝器传递给了车外的空气。

③ 节流过程 从冷凝器流出的高压液态制冷剂经储液干燥器除湿,过滤后流经膨胀阀,由膨胀阀节流降压后送入蒸发器。节流过程降低了制冷剂的压力和温度,并产生部分气态制冷剂,以确保制冷剂在蒸发器中能完全汽化。

④ 吸热过程 低温低压的液态制冷剂在蒸发器中汽化,并与车内空气进行热交换(吸热),变成低压中温气态制冷剂。在蒸发器中吸收了热量的制冷剂蒸气被压缩机吸走,使蒸发器中的制冷剂的汽化吸热过程得以持续进行。

1.4.2 任务实施

(1) MAC31 的功能选择键盘 (图 1-51)

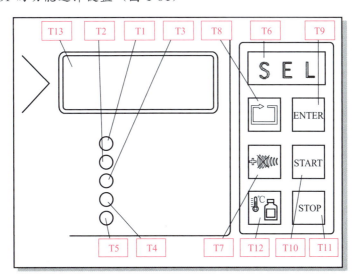

图 1-51 MAC31 的功能选择键盘

① 制冷剂重量指示灯:当此灯点亮时,数码显示上显示出制冷剂罐内剩余制冷剂的重量。

② 加注指示灯：在加注制冷剂的过程中闪烁。

③ 回收指示灯：在回收制冷剂的过程中闪烁。

④ 抽真空指示灯：在抽真空的过程中闪烁。

⑤ 回收压缩机旧机油指示灯：在进行回收操作的过程中闪烁。

⑥ SEL 选择键：选择要进行的操作。每次按下此键时，从 T1 到 T4 的 LED 灯会依次点亮；每项操作旁边的 LED 灯用来表示此操作可以开始或正在进行（LED 灯闪亮）。

⑦ 加号键：在设置时间和数量时，每次按下此键，数码显示的数字会增加一个单位。

⑧ 循环键：在设置时间和数量时，数码显示上会有一个数字在闪烁，按下此键，下一个数字会闪烁，这样就可以修改闪烁的数字。

⑨ ENTER 确认键：当与某操作相应的 LED 灯点亮，而不是闪烁时，按下确认键，可以修改时间和数量。修改结束后，再次按此键以确认此数据。

⑩ START 启动键：按下此键，LED 灯点亮所对应的操作开始执行。

⑪ STOP 停止键：按下此键，LED 灯闪烁所对应的操作停止执行。

⑫ ℃温度键：按下此键，数码显示会以摄氏或华氏单位显示制冷剂罐的温度。

⑬ 数码显示区：按照所选择的操作，显示时间或制冷剂数量。

（2）MAC31 的回收处理过程

① 把蓝色低压管和红色高压管分别连接到汽车空调系统的快速接头上，如果空调系统只有一个高压接头或低压接头，则只连接相对应软管。

② 开动汽车发动机并打开空调开关，将空调出风速度调整到最大，持续约 10min。

③ 关闭汽车发动机。如果可能的话，让空调的风扇在整个回收期间内全速运转。

④ 打开高、低压管开关（如果只有一个接头的话，请打开相应的开关）。

⑤ 按住"SEL"选择键直到"Recover"（回收）旁的 LED 灯点亮。然后按"START"（启动）键。此时回收过程开始，"Recover"（回收）旁的 LED 灯闪烁。在此过程中，从空调系统回收的制冷剂重量会以千克为单位显示出来。

回收结束后，冷媒加注机自动停止，然后自动把回收的旧压缩机油排入旧油罐。这个过程大约会持续 4min。如果在这个过程中，空调系统的压力上升，则 MAC31 会自动再次进行回收。

⑥ 关闭空调的风扇，如果有必要的话，把车辆的点火开关拧到"关"的位置。此时，空调系统内的所有制冷剂都被回收和处理了。

（3）抽真空过程

① "回收"操作结束后，MAC31 会自动进行抽真空操作。不过，也可以手动直接启动抽真空操作。方法是打开高、低压管的开关，按"SEL"键，直到"Vacuum"（抽真空）键旁 LED 灯点亮，然后按"START"（开始）键。抽真空的时间预设为 25min（此设置适合大多数的车辆空调系统）。也可按下面的方法更改抽真空的时间：按"SEL"键，直到"Vacuum"（抽真空）键旁 LED 灯点亮，然后按"ENTER"（确认）键。这时左侧第一个数码会闪烁，按"加号键"，直到显示正确的数字。然后按"循环键"改变下一个数码。当设定结束后，按"ENTER"键确认抽真空时间。

② 在抽真空过程中，系统自动显示剩余时间。当数码显示到 0 时，真空泵自动停止。

③ 关闭高、低压管的开关。从压力表 A1 和 A2 上读取真空度数值。等待 2min。确认

在这 2min 内压力没有上升。如果有压力上升的现象，说明空调系统存在泄漏。

（4）添加新压缩机油

① 检查从空调系统中抽出的旧压缩机油的体积，保证新加入罐内的压缩机油至少要比此体积多 20mL。

② 打开高、低压管开关（如果只有一个接头的话，应打开相应的开关）。

③ 打开新机油罐的管道开关，直到与回收的旧机油重量相同的新机油被加入空调系统。

④ 当添加的机油重量达到正确重量之后，立刻关闭开关。

（5）加注制冷剂过程

① 按 SEL 键使 "Charging"（加注）旁的 LED 灯点亮。

② 按照下面的步骤设定加注制冷剂的重量：按 ENTER 键，数码显示的左侧一个数字开始闪烁；按"加号键"，直到显示出正确的数字；按"循环键"和"加号键"，改变其他数字的数值；当设置结束后，按 ENTER 键确认。

③ 打开高、低压开关（如果原先是关闭状态的话），然后按 START 键开始。

注意：如果制冷剂罐内的压力高于 8bar（0.8MPa），应该把低压开关开一半（转 45°），这样可以避免对空调系统造成影响。

④ 当制冷剂加注量达到预先设置的数量时，MAC 31 会自动停止加注。

⑤ 关闭高压和低压开关。

⑥ 开动汽车发动机和空调系统至少 3min。此时 MAC 31 处于待机状态，可以检查高压和低压表的数值。

⑦ 只取下高压接头（如果有必要，关闭汽车发动机）；然后，在空调开动的状态下，打开高压和低压开关，好让空调系统把软管里的制冷剂抽进去。

⑧ 等待 1min；取下低压接头，关闭汽车发动机。关闭 MAC 31 的电源开关。

更换干燥过滤器：若加注机在开机 10s 后有维修警报（SERV），或是湿度指示器显示存在湿气（内圈黄色）时，必须更换干燥过滤器。用于更换的干燥过滤器必须与 MAC 31 上所使用的类型相同。步骤如下：

a. 拔下 MAC 31 的电源。

b. 戴上手套和护目镜。

c. 打开 MAC 31 背面的塑料外壳。

d. 关闭制冷剂罐上的开关。

e. 缓慢、小心地松开干燥过滤器的内外侧接头。

f. 松开固定干燥过滤器的卡子。

g. 更换新的干燥过滤器，注意保持正确的安装方向。

h. 重新装上干燥过滤器的卡子，并拧紧干燥过滤器的内外侧接头。

i. 打开制冷剂罐上的开关。

j. 重新装上 MAC 31 背面的塑料外壳。

k. 连接电源并开机。

l. 在开机后的 10s 内〔当维修警报（SERV）显示时〕，按 SEL 键。

m. 用"加号键"和"循环键"来输入干燥过滤器的代码，以消除维修警报。

n. 回收 500g 制冷剂，让 MAC 31 完成循环测试。

o. 关机，然后拔下 MAC 31 的电源。

1.4.3 拓展与延伸

（1）制冷剂主要种类

① R134a（四氟乙烷）制冷剂

物化特性：R134a是目前国际公认的替代R12的主要制冷工质之一，常用于车用空调、商业和工业用制冷系统以及作为发泡剂用于硬塑料保温材料生产，也可以用来配置其他混合制冷剂，如R404A和R407C等。

主要用途：主要替代R12用作制冷剂，大量用于汽车空调、冰箱制冷。

产品包装：钢瓶包装，13.6kg/瓶，400kg/瓶，1000kg/瓶，ISO TANK（一种标准灌装）。

② R410A制冷剂

物化特性：常温常压下，R410A是一种不含氯的氟代烷非共沸混合制冷剂，无色气体，储存在钢瓶内的是被压缩的液化气体，其消耗臭氧潜能值（ODP）为0，因此R410A是不破坏大气臭氧层的环保制冷剂。

主要用途：R410A主要用于替代R22和R502，具有清洁、低毒、不燃、制冷效果好等特点，大量用于家用空调、小型商用空调、中央空调等。

产品包装：钢瓶包装，11.3kg/瓶，400kg/瓶，1000kg/瓶，ISO TANK。

③ R407C制冷剂

物化特性：常温常压下，R407C是一种不含氯的氟代烷非共沸混合制冷剂，无色气体，储存在钢瓶内的是被压缩的液化气体。其ODP为0，因此R407C是不破坏大气臭氧层的环保制冷剂。

主要用途：R407C主要用于替代R22，具有清洁、低毒、不燃、制冷效果好等特点，大量用于家用空调、中小型中央空调。

产品包装：钢瓶包装，11.3kg/瓶，400kg/瓶，1000kg/瓶，ISO TANK。

④ R417A制冷剂

物化特性：常温常压下，R417A是一种不含氯的氟代烷非共沸混合制冷剂，无色气体，储存在钢瓶内的是被压缩的液化气体。其ODP为0，因此R417A是不破坏大气臭氧层的环保制冷剂。

主要用途：R417A主要用于替代R22，具有清洁、低毒、不燃、制冷效果好等特点，用于热泵（OEM初装替换R22）和空调（售后替换R22）等。

产品包装：钢瓶包装，11.3kg/瓶，400kg/瓶，1000kg/瓶。也可根据用户要求提供ISO集装柜或运输罐装运。

（2）制冷剂选用原则

在蒸汽压缩式制冷机中，除了要有较好的热力性质和物理化学性质外，更应具有优良的环境特性。

具体要求如下：

① 对人类生态环境无破坏作用。不破坏大气臭氧层，不产生温室效应。

② 临界温度较高。在常温或普通低温下能够液化。希望临界温度比环境温度高得多，才能减少制冷剂节流损失，提高循环经济性。

③ 在工作温度范围内，具有适当的饱和蒸汽压力，最起码蒸发压力不得低于大气压力，

以免外部空气渗入系统中；冷凝压力不宜过高，否则会引起压缩机功耗增加，并要求系统具有较高的承压能力，增加设备成本。

④ 单位容积制冷量大。可以减少压缩机输气量。

⑤ 黏度和密度小。减少系统中流动阻力损失。

⑥ 热导率高。可以提高换热器的传热系数，减少换热设备的传热面积降低材料消耗。

⑦ 不燃烧，不爆炸，无毒。对金属材料不腐蚀，对润滑油不发生化学作用，高温下不分解。

⑧ 等熵指数小。可降低排气温度，减少压缩过程功耗，有利于安全运行和提高使用寿命。

⑨ 凝固温度低。避免在蒸发温度下出现凝固。

⑩ 具有良好的绝缘性能。

⑪ 价格低易获得。

⑫ 单位容积压缩功小。

目前，完全满足以上十二项要求的制冷剂还未发现。但选择时，可以根据用途、使用条件等加以全面衡量。如小型封闭压缩机家用装置，多选用氟制冷剂。大型工业制冷多选用氨，石油化工多选用烃类。

任务1.5　使用动平衡仪

车轮动平衡检测

1.5.1　相关知识

（1）动平衡

汽车的车轮是由轮胎、轮毂组成的一个整体，但由于制造上的原因，使这个整体各部分的质量分布不可能非常均匀。当汽车车轮高速旋转起来后，就会形成动不平衡状态，造成车辆在行驶中出现车轮抖动、方向盘震动的现象。为了避免这种现象或是消除已经发生的这种现象，就要使车轮在动态情况下通过增加配重的方法，使车轮校正各边缘部分的平衡。这个校正的过程就是人们常说的动平衡。

（2）控制轮胎动平衡的意义

具备良好动平衡性能的轮胎在其使用中能较好地延长自身使用寿命、降低车辆油耗；避免车辆高速行驶中出现抖动、跳动现象；增强乘坐和驾驶的舒适性。对于减少和避免车辆发生意外有着重要意义。

此外，随着路况的日益改善，由路面产生的振动已相对减少，人们已把注意力集中到由轮胎不平衡性引起的轮胎振动上来了。因此提高轮胎的动平衡已成为提升轮胎品质的一项重要工作，也是企业生存发展的必要内容。

（3）车轮静平衡与静不平衡

支起车轴，调整好轮毂轴承松紧度，用手轻转动车轮，使其自然停转，车轮停转后在离地最近处作一标记，然后重复上述试验多次，若车轮经几次转动自然停转后，所做标记的位置各不一样，或强迫停转后，消除外力车轮也不再转动，则车轮为静平衡。静平衡的车轮，其旋转中心与车轮中心重合。

如果每次试验的标记都停在离地最近处，则车轮为静不平衡。静不平衡的车轮，其旋转中心与车轮中心不重合。

(4) 车轮动平衡与动不平衡

在图 1-52（a）中，车轮是静平衡的，在该车轮旋转轴线的径向反位置上，各有一作用半径相同、质量也相同的不平衡点 m_1 与 m_2，且不处于同一平面内。对于这样的车轮，其不平衡点的离心力合力为零，但离心力的合力矩不为零，转动中产生方向反复变动的力偶 M，使车轮处于动不平衡中。动不平衡的前轮绕主销摆动。如果在 m_1 与 m_2 同一作用半径的相反方向上配置相同质量 m_1' 与 m_2'，则车轮处于动平衡中，如图 1-52（b）所示。动平衡的车轮肯定是静平衡的，因此对车轮主要应进行动不平衡检测。

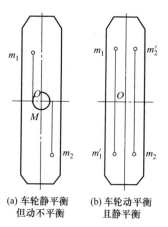

(a) 车轮静平衡
但动不平衡

(b) 车轮动平衡
且静平衡

图 1-52 车轮平衡示意图

(5) 引起车轮不平衡的原因

① 轮毂、制动鼓（盘）加工时定心定位不准、加工误差大、非加工面铸造误差大、热处理变形、使用中变形或磨损不均。

② 轮胎螺栓质量不等、轮辋质量分布不均或径向圆跳动、端面圆跳动太大。

③ 轮胎质量分布不均、尺寸或形状误差太大、使用中变形或磨损不均、使用翻新胎或补胎。

④ 并装双胎的充气嘴未相隔 180°安装，单胎的充气嘴未与不平衡点标记（经过平衡试验的新轮胎，往往在胎侧标有红、黄、白或浅蓝色的□、△、○或◇符号，用来表示不平衡点位置）相隔 180°安装。

⑤ 轮毂、制动鼓（盘）、轮胎螺栓、轮辋、内胎、衬带、轮胎等拆卸后重新组装成车轮时，累计的不平衡质量或形位偏差太大，破坏了原来的平衡。

1.5.2 任务实施

(1) 被测车轮的准备

去掉车轮轮辋上已有平衡块，清除轮胎表面的泥土和花纹中的石子，检查轮胎气压并充至规定值。

(2) 车轮平衡机的初始设定

接通主机电源后，按照使用说明书中的要求进行操作（图 1-53），主要包括以下内容。

① 根据被测车轮轮辋中心孔大小选择合适的锥体压盘，把车轮安装到平衡机转轴上，注意对中要准，并用快速螺母装夹牢固。

② 输入轮辋直径、轮辋宽度和轮辋边缘到机箱距离等参数。注意有些平衡机要求轮辋直径和轮辋宽度的单位是英寸。

图 1-53 车轮平衡机

③ 安装质量已知的平衡块，测取基准参考数据。
④ 存入测试的基准数据。

（3）车轮动平衡校验

① 放下车轮保护罩，自动进入平衡测试程序。当测量完成、车轮停止时，平衡机数显仪表会自动显示轮胎两侧的不平衡质量（g）及其相位。

② 打开车轮保护罩，分别按照左右两侧仪表上发光二极管的提示，用手转动车轮，到正中间的发光二极管亮时停止。此时在车轮正上方（即12点钟位置），对应侧轮辋边缘处加装平衡质量。

③ 加装完毕后应再次校验，直到剩余不平衡量满足规定要求（一般要求5g以下）为止。

④ 校验完后关闭电源，放下保护罩。

（4）使用注意事项

① 车轮平衡机的初始设定工作比较复杂，要仔细进行操作。
② 注意在车轮停止转动前不得打开车轮保护罩。
③ 在装卸车轮时应小心，不要碰坏转轴上的螺纹。
④ 清除被测车轮上的泥土、石子和旧平衡块。
⑤ 检查轮胎气压，视必要充至规定值。
⑥ 根据轮辋中心孔的大小选择锥体，仔细地装上车轮，用大螺距螺母上紧。
⑦ 打开车轮平衡机电源开关，检查指示与控制装置的面板是否指示正确。
⑧ 用卡尺测量轮辋宽度 b、轮辋直径 d（也可由胎侧读出），用平衡机上的标尺测量轮辋边缘至机箱距离 a，再用键入或选择器旋钮对准测量值的方法，将 a、b、d 值键入指示与控制装置中去。
⑨ 放下车轮防护罩，按下启动键，车轮旋转，平衡测试开始，自动采集数据。
⑩ 车轮自动停转或听到"嘀"声后按下停止键并操纵制动装置使车轮停转后，从指示装置读取车轮内、外不平衡量和不平衡位置。
⑪ 抬起车轮防护罩，用手慢慢转动车轮。当指示装置发出指示（音响、指示灯亮、制动、显示点阵或显示检测数据等）时停止转动。在轮辋的内侧或外侧的上部（时钟12点位置）加装指示装置显示的该侧平衡块质量。内、外侧分别进行，平衡块装卡要牢固。
⑫ 安装平衡块后有可能产生新的不平衡，应重新进行平衡试验，直至不平衡量<5g，指示装置显示"00"或"OK"时才能满意。当不平衡量相差10g左右时，如能沿轮辋边缘前后移动平衡块一定角度，将可获得满意的效果。实践经验越丰富，平衡速度越快。
⑬ 测试结束，关闭电源开关。

（5）操作步骤

① 把LOGO拆掉，把轮子装上动平衡仪，选择适应大小的固定器，固定车轮，清除旧的平衡块以及胎纹里大颗的沙粒。

② 先把动平衡仪上的尺子拉出来，测量动平衡仪到轮毂的距离，然后在控制器上输入相关数据（图1-54）。

③ 把弯尺拉出，测量轮辋宽度（图1-55），同样在第二个控制器上输入。

④ 在控制器输入轮辋直径（图1-56），按STRAR，开始。

⑤ 观察轮胎动平衡机的参数，5g以内属于正常，不需要打平衡块；若超过则转动轮

胎，在平衡机提示的位置对应的轮毂外缘打入平衡块，或者在对应的轮毂底贴上平衡块，然后重新转动轮胎测试（图1-57）。

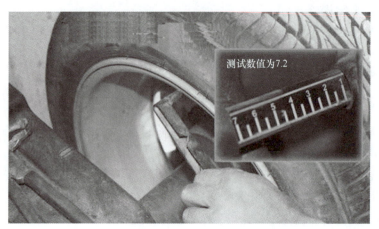

图1-54　测量动平衡机到轮毂的距离

图1-55　测量轮辋宽度

图1-56　轮胎上的直径

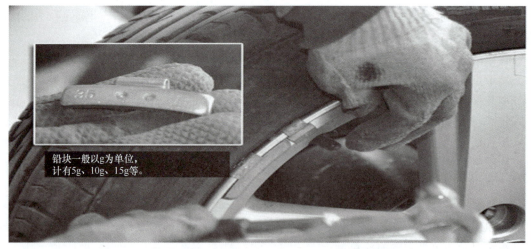

图1-57　打入或者贴上平衡块

1.5.3　拓展与延伸

（1）车轮平衡机的类型

车轮平衡机也称为车轮平衡仪，用来检测车轮的平衡度。按功能可分为车轮静平衡机和车轮动平衡机两类；按测量方式可分为离车式车轮平衡机和就车式车轮平衡机两类；按车轮平衡机转轴的形式可分为软式车轮平衡机和硬式车轮平衡机两类。

使用离车式车轮平衡机时，将车轮从车上拆下安装到车轮平衡机的转轴上检测其平衡状况。

软式车轮平衡机，安装车轮的转轴由弹性元件支承。当被测车轮不平衡时，该轴与其上的车轮一起振动，测得该振动即可获得车轮的不平衡量。硬式车轮平衡机的转轴由刚性元件支承，工作中转轴不产生振动，它是通过直接测量车轮旋转时不平衡点产生的离心力来确定不平衡量的。

凡是可以测定车轮左、右两侧的不平衡量及其相位的，可以称为二面测定式车轮平衡机。

就车式车轮平衡机既可进行静平衡试验，又可进行动平衡试验。

（2）离车式车轮动平衡机的结构

离车式车轮动平衡机如图1-58所示，其专用卡尺如图1-59所示。目前应用最多的是硬式二面测定车轮动平衡机。该动平衡机一般由驱动装置、转轴与支承装置、显示与控制装置、制动装置、机箱和车轮防护罩等组成。驱动装置一般由电动机、传动机构等组成，可驱动转轴旋转。转轴由两个滚动轴承支承，每个轴承均有一能将动反力变为电信号的传感器。转轴的外端通过锥体和大螺距螺母等固装被测车轮。驱动装置、转轴与支承装置等均装在机箱内。车轮防护罩可防止车轮旋转时其上的平衡块或花纹内夹杂物飞出伤人。制动装置可使车轮停转。

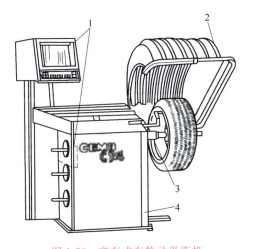

图1-58 离车式车轮动平衡机

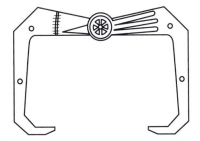

图1-59 离车式车轮动平衡机的专用卡尺

1—显示与控制装置；2—车轮防护罩；3—转轴；4—机箱

近年来生产的车轮动平衡机，其显示与控制装置多为微机式，具有自动诊断和自动系统，能将传感器的电信号通过微机运算、分析、判断后显示出不平衡量及相位。为了使显示的不平衡量恰是轮辋边缘所加平衡块的质量，还必须将测得的轮辋直径 d、轮辋宽度 b 和轮辋边缘至平衡机机箱的距离 a（轮辋外悬尺寸），通过键盘或选择器旋钮输入微机。

（3）离车式车轮平衡机的使用方法

① 清除被测车轮上的泥土、石子和旧平衡块。

② 检查轮胎气压，充至规定值。

③ 根据轮辋中心孔的大小选择锥体,仔细地装上车轮,用大螺距螺母上紧。

④ 打开电源开关,检查指示与控制装置的面板是否指示正确。

⑤ 用卡尺测量轮辋宽度 b、轮辋直径 d(也可由胎侧读出),用平衡机上的标尺测量轮辋边缘至机箱距离 a,用键入或选择器旋钮对准测量值的方法,将 a、b、d 直接输入指示与控制装置中。为了适应不同计量制式,平衡机上的所有标尺一般都同时标有英制和公制刻度。

⑥ 放下车轮防护罩,按下"启动键",车轮旋转,平衡测试开始,微机自动采集数据。

⑦ 车轮自动停转或听到"嘀"声,按下停止键并操纵制动装置使车轮停转后,从指示装置读取车轮内、外不平衡量和不平衡位置。

⑧ 抬起车轮防护罩,用手慢慢转动车轮。当指示装置发出指示(音响、指示灯亮、制动、显示点阵或显示检测数据等)时停止转动。在轮辋的内侧或外侧的上部(时钟12点位置)加装指示装置显示该侧平衡块质量。内、外侧要分别进行,平衡块装卡要牢固。

⑨ 安装平衡块后有可能产生新的不平衡,应重新进行平衡试验,直至不平衡量<5g,指示装置显示"00"或"OK"时才能满意。当不平衡量相差 10g 左右时,如能沿轮辋边缘左右移动平衡块一定角度,将可获得满意的效果。

(4) 就车式车轮动平衡机结构

使用就车式车轮动平衡机,无需从车上拆下车轮,就车即可测得车轮的平衡状况。就车式车轮动平衡机一般由驱动装置、测量装置、指示与控制装置、制动装置和小车等组成,如图 1-60 所示,图 1-61 所示为工作图。

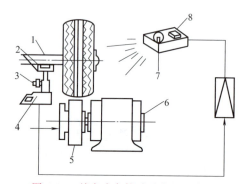

图 1-60 就车式车轮动平衡机示意图

1—转向节;2—传感磁头;3—可调支杆;4—底盘;
5—转轮;6—电动机;7—频闪灯;8—不平衡度表

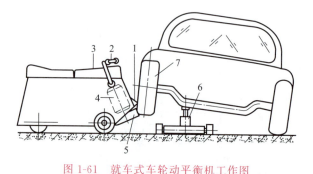

图 1-61 就车式车轮动平衡机工作图

1—光电传感器;2—手柄;3—仪表板;4—驱动电动机;
5—摩擦轮;6—传感器支架;7—被测车轮

驱动装置由电动机、转轮等组成,能带动支离地面的车轮转动。测量装置由传感磁头、可调支杆、底座和传感器等组成。它能将车轮不平衡量产生的振动变成电信号,送至指示与控制装置。指示与控制装置由频闪灯、不平衡度表或数字显示屏等组成。频闪灯用来指示车轮不平衡点位置,不平衡度表或数字显示屏用来指示车轮的不平衡量。不平衡量,一般有两个挡位。第一挡往往用于初查时的指示,第二挡往往用于装上平衡块后复查时指示。制动装置用于车轮停转。除测量装置外,车轮平衡机的其余装置都装在小车上,可方便地移动。

(5) 离车式车轮动平衡机与就车式车轮动平衡机使用注意事项

① 离车式车轮动平衡机的主轴固定装置和就车式车轮动平衡机的支架上都装有精密的位移传感器和易碎裂的压电晶体传感器,因此严禁冲击和敲打主轴或传感器支架。

② 在检修车轮动平衡机时，传感器的固定螺栓不得松动。因为这一螺栓不是一般的紧固件，需要由它向传感晶体提供必要的预紧力。当这一预紧力发生变化时，电算过程将完全失准。

③ 车轮动平衡机的平衡重也称配重，通常有卡夹式和粘贴式两种类型。卡夹式适用于轮辋有卷边的车轮。对于铝镁合金轮辋，因无卷边可夹，可使用粘贴式配重。粘贴式配重的外弯面有不干胶，粘贴于轮辋内各面。

④ 必须明确，车轮动平衡机的机械系统和电算电路都是针对正常车轮使用条件下平衡失准或轻微受损但仍能使用的车轮而设计的，对因交通事故而严重变形的轮辋或胎面大面积剥离的车轮是不能上机进行平衡检测的。一方面不平衡量过大的车轮旋转时的离心力可能损伤车轮动平衡机的传感系统，另一方面超值的不平衡力可能溢出电算范围而使仪器自动拒绝工作。

⑤ 当不平衡量超过最大配重时，可用两个以上配重并列使用。但这时要注意因多个配重占用较大的扇面会使其有效质量低于实际质量。

⑥ 一般情况下，离车式车轮动平衡机或就车式车轮动平衡机都是分别各自使用的。但对高速行驶的汽车车轮而言，如果用离车式车轮动平衡机平衡后再装在车上行驶时，仍会出现不平衡现象。因此，使用离车式车轮动平衡机平衡车轮后，最好能再用就车式车轮动平衡机进行校对。

思考与练习

1. 车辆信息内容介绍、车辆系统功能介绍操作过程中 5S 的应用有哪些？
2. 在进行车辆系统功能介绍及操作时把哪些内容作重点？为什么？
3. 在进行系统功能操作时涉及安全方面的有哪些？
4. 作为工作人员，你在给客户进行系统功能介绍及操作时有何感受？
5. 在使用车载工具时有哪些注意事项？
6. 在给客户进行操作演示时，你认为哪些应该作为重点介绍？
7. 请以小组为单位，共同讨论举升机使用过程中的主要注意事项。
8. 简述扒胎机的操作流程，并阐述相关注意事项。
9. 简述动平衡机使用过程中需注意的事项。
10. 怎样正确选用常用工量具、专用工具和设备？

（1）列举出引起套筒在螺栓上产生打滑的原因？如何解决？

（2）使用扳手时，如果扳手和工件配合不好，将会带来什么后果？并列举套筒、梅花、开口扳手如何做到与工件配合紧密。

（3）棘轮扳手可以作最终拧紧吗？为什么？

（4）开口扳手可以作最终拧紧吗？为什么？

（5）6 边形和 12 边形梅花扳手在使用方面有何区别？

（6）如果使用锋口太薄的螺丝刀，将会产生什么后果？进行车辆内饰拆装螺丝刀如何处理可以避免损坏内饰？

项目2

汽车5000公里维护

 情境描述

5000km维护项目涉及的内容不尽相同，它随车型、车况、客户的性格特征等情况而变。

如某私家车花冠用户，进行5000km维护预约。该用户为男性、购车2年、现年29岁；公司白领；处事谨慎细致，要求严格；对车非常爱护，同时爱好收集与自己车辆相关的信息，外观完好。

客户要求：车辆保养工作尽量细致、认真；在交车时要求服务顾问对所做的保养工作进行解释；在保养过程中如果有维修合同以外的其他变动，要求及时转告。该客户在送车保养时提出如下问题，要求保养解释。

"花冠轿车的结构特点是什么？"

"怎样控制汽车维护成本？"

"5000km维护的项目有哪些？"

"有哪些注意事项？"

 学习目标

1. 自觉遵守执行维修企业的操作规范和规章制度，满足客户要求，在教师的指导下完成花冠轿车5000km维护，也能通过查阅其他轿车的维修资料和实车观察陈述两种车型5000km维护的内容和方法。

2. 遵循丰田车辆维护工作安全规范、技术要求来制定维护工作计划。

3. 正确使用与维护常用工量具、专用工具和设备。

4. 查阅维修手册、专业网站等资源解决实际问题。

5. 与同事间相互协作完成生产任务。

6. 在生产过程中进行观察、思考、积累和总结。

7. 在教师指导下按工作计划及安全规范、技术要求完成5000km维护作业项目。

8. 在教师指导下遵照相关法规完成5000km车辆维护后的自我质量检验工作。

9. 向客户移交车辆并解释已经完成的维护作业内容。

10. 按照环保要求处理废旧零件、辅料及废弃的油液。

项目2 汽车5000公里维护

任务 2.1 更换机油滤清器

机油滤清器

2.1.1 相关知识

（1）机油滤清器的作用

主要是过滤机油中绝大部分杂质，保持机油的清洁，延长其正常使用寿命。另外，机油滤清器还应该具有过滤能力强、流通阻力小、使用寿命长等性能。

（2）机油滤清器的分类

① 集滤器　发动机工作时，金属磨屑和大气中的尘埃以及燃料燃烧不完全所产生的炭粒会渗入机油中，机油本身也因受热氧化而产生胶状沉淀物，机油中含有这些杂质。如果把这样的脏机油直接送到运动零件表面，机油中的机械杂质就会成为磨料，加速零件的磨损，并且引起油道堵塞及活塞环、气门等零件胶结。因此必须在润滑系中设有机油滤清器，使循环流动的机油在送往运动零件表面之前得到净化处理，保证摩擦表面的良好润滑，延长其使用寿命，如图 2-1 所示。

② 粗滤器　发动机工作时用来过滤润滑油中颗粒较大（直径为 0.04mm 以上）的杂质。串联于机油泵与主油道之间，属于全流式滤清

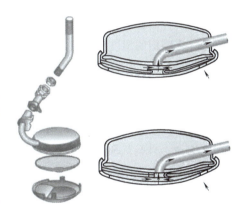

图 2-1　集滤器

器，对润滑油的流动阻力较小。纸质滤清器结构简单，滤清效果好，更换方便，得到广泛应用，如图 2-2 所示。

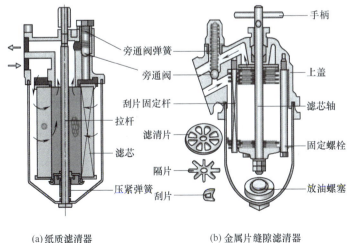

(a) 纸质滤清器　　(b) 金属片缝隙滤清器

图 2-2　粗滤器

发动机机油油位的检查

41

2.1.2 任务实施

工作流程：

① 松开放油螺塞，排放发动机机油。

② 排放完毕后，擦净放油螺塞。再装上放油螺塞，按下述要求拧紧。拧紧力矩：30 N·m。

③ 用机油滤清器扳手拧松机油滤清器。

④ 用发动机机油涂抹在新的机油滤清器的O形圈上。

⑤ 将新的机油滤清器拧在机油滤清器支座上，直到滤清器O形圈与安装表面接触。为了恰当地拧紧机油滤清器，注意识别滤清器O形圈与安装表面初始接触的精确位置。

⑥ 与安装表面接触后，用机油滤清器扳手再把滤清器拧紧3/4圈。拧紧力矩：15 N·m。

2.1.3 拓展与延伸

（1）技术特点

① 滤纸　机油滤清器对滤纸的要求比空气滤清器更高，主要因为机油的温度变化从0℃到300℃不等，在剧烈的温度骤变下，机油的浓度也发生相应改变，这会影响到机油的过滤流量。优质机油滤清器的滤纸要能够在剧烈的温度变化下过滤杂质，同时又保证足够流量。

② 橡胶密封圈　优质机油的滤清器密封圈是用特殊橡胶合成的，保证100%不漏油。

③ 回流抑制阀　只有优质机油滤清器中才具备。当发动机熄火时，它能防止机油滤清器变干；当发动机重新点火时，它立即产生压力，供给机油润滑发动机。回流抑制阀也称为止回阀。

④ 溢流阀　只有优质机油滤清器中才具备。当外部温度降低到某一特定值或当机油滤清器超出正常使用期限时，溢流阀会在特殊压力作用下打开，让未经过滤的机油直接流进发动机。尽管如此一来，机油中的杂质会一同进入发动机，但比起发动机中没有机油而造成的损伤而言，这样的损伤要小得多。因此溢流阀是在紧急情况下保护发动机的关键。溢流阀也称为旁通阀。

（2）柴油滤清器

柴油滤清器的结构大致与机油滤清器相同，有可换式和旋装式两种。但其承受的工作压力和耐油温要求较机油滤清器低得多，而其过滤效率的要求却比机油滤清器高得多。柴油滤清器的滤芯多采用滤纸，也有采用毛毡或高分子材料的。柴油滤清器除过滤柴油中的机械杂质外，还有一个重要的功能就是滤水。水的存在对于柴油机供油系统危害极大，锈蚀、磨损、损伤气缸活塞环甚至会产生拉缸现象，还能够恶化柴油的燃烧过程。柴油滤清器根据液体密度的不同通过流体流向控制技术，对水分进行分离达到过滤水分的效果。

油水分离器就是将油和水分离开来的仪器，机理上主要分为油中除水分离器和水中除油分离器；从用途上主要分为工业级油水分离器、商用油水分离器和家庭油水分离器几种；从分离原理上分有膜过滤油水分离器、选用亲油性材料的油水分离器、比重不同分层的无动力油水分离器、药剂作用的破乳油水分离器；油水分离器主要应用在石化工业、汽车工业、污水处理工业等。

汽车用油水分离器是柴油滤清器的一种，主要的作用就是除去柴油中的水分，以降低喷油嘴故障，延长发动机的使用寿命。原理主要是根据水和燃油的密度差，利用重力沉降原理去除杂质和水分，内部还有扩散锥、滤网等分离元件。油水分离器还有别的功能，如对燃油进行预加热防止结蜡、过滤杂质等。

任务 2.2 检查汽车空气滤清器

2.2.1 相关知识

（1）空气滤清器滤芯的检查

如图 2-3、图 2-4 所示。

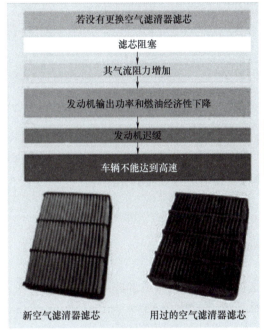

图 2-3 空气滤清器滤芯   图 2-4 检查滤芯

（2）空气滤清器滤芯的作用

清除灰尘、沙土等等，来清洁进入发动机的空气。

（3）如果滤清器滤芯被堵塞

由于进入到发动机的空气数量变少，发动机的输出功率降低，燃油经济性变差。

（4）清洁/更换间隔

根据行驶里程和时间长短来清洁或更换滤芯，因为难以通过目视来判断它的变质程度。

检查：每 20000km（12000 英里）或 2 年。

更换：每 40000km（24000 英里）或 4 年。

应参考维修计划，因为它可能随车型不同而异。

2.2.2 任务实施

（1）更换空气滤清器滤芯

更换滤芯如图 2-5 所示。

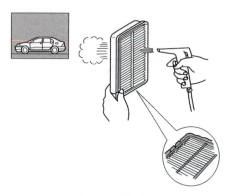

图 2-5　更换滤芯

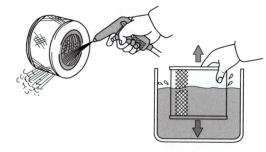

图 2-6　清洗滤芯

（2）清洁（图 2-6）

检查前使用压缩空气清除污物。

① 首先，从空气滤清器滤芯的发动机侧吹入压缩空气。

② 同时清除空气滤清器盖内污物。

（3）灰尘和积聚微粒

检查空气滤清器滤芯中是否有灰尘、积聚微粒或者破裂。

（4）安装

检查空气滤清器滤芯上的橡胶密封良好并且确保其没有裂纹或者其他损坏。

2.2.3　拓展与延伸

还有下述类型的空气滤清器：可洗型、油浴型和旋风型。

（1）可洗型空气滤清器的检查

① 泥土或者阻塞情况　检查空气滤清器滤芯是否有泥土、阻塞或者破裂情况。

② 清洁

a. 使用压缩空气，完全吹出芯内部的灰尘。

b. 将芯浸入水中并且上下移动 10min 或者更长时间。

c. 重复该过程直到水干净为止。

d. 通过摇晃芯或者在其上面吹压缩空气将多余的水清除掉。

注意：切勿敲打或者跌落滤芯。

e. 擦掉空气滤清器壳内部的灰尘。

③ 安装条件　检查垫片是否牢固地安装于空气滤清器滤芯中以及垫片是否有裂纹或者损坏。

（2）油浴型空气滤清器的检查（图 2-7、图 2-8）

① 拆卸空气滤清器壳体。

② 通过在煤油中搅动、擦洗油盖和空气滤清器清洗它们。

③ 用块干净的布擦干油盖和空气滤清器。

④ 将油盖放在一个水平工作台上。

⑤ 加注清洁的发动机机油直到其达到油位标记。

⑥ 将空气滤清器放在托盘中，然后使用清洁的发动机机油浸泡空气滤清器。

图 2-7 油浴型空气滤清器的检查
1—拆卸壳体；2—清洗滤清器

图 2-8 油浴型空气滤清器
1—密封材料；2—空气滤清器滤芯；3—集尘器

（3）旋风型空气滤清器的检查

① 泥土或者阻塞情况　检查空气滤清器滤芯是否有泥土、阻塞或者破裂情况。

② 清洁

a. 使用压缩空气清洁芯。快速和彻底地从里面吹气。然后，从芯的外面吹气。

b. 取出集尘器并且将尘土从里面清除。然后，清洁集尘器的里面。

③ 安装条件　检查滤芯是否牢固地安装于空气滤清器滤芯中以及滤芯是否有裂纹。

任务 2.3　检查冷却液

2.3.1　相关知识

（1）冷却系统的组成及工作情况

① 组成　汽车冷却系统主要是以水作为冷却介质，把发动机受热零件吸收的热量散发到大气中去。目前汽车发动机采用的水大都是强制循环式水冷却系，利用水泵强制水在冷却系中进行循环流动。它由散热器、风扇、冷却水套和温度调节装置等组成，如图 2-9 所示。

② 工作情况　强制循环式水冷却系是用水泵把该系统的冷却液体加压，使之在水套中流动，冷却水从气缸壁吸收热量，温度升高，热水向上流入气缸盖，继而从缸盖流出并进入散热器。由于风扇的强力抽吸，空气从前向后高速流过散热器，不断地将流经散热器的水的热量带走。冷却了的水由水泵从散热器底部重新泵入水套。水在冷却系中不断循环。为了控制冷却水温度，冷却系中设有冷却强度调节装置，如百叶窗、节温器和风扇离合器等。

③ 大、小循环

大循环：冷却水经水泵—水套—节温器—散热器，又经水泵压入水套循环，其水流路线长，散热强度大，称水冷却系的大循环。

小循环：冷却水经水泵—水套—节温器后不经散热器，而直接由水泵压入水套循环，其水流路线短，散热强度小，称冷却系的小循环。如图 2-10 所示。

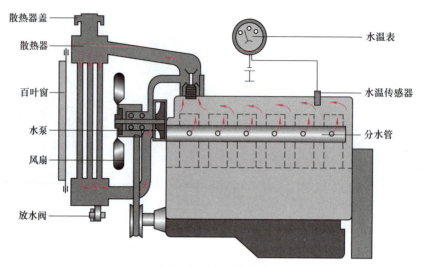

图 2-9 冷却系统的组成

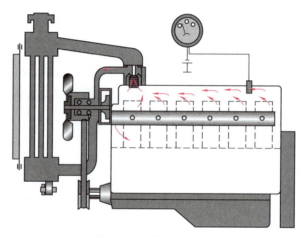

图 2-10 小循环示意图

（2）冷却系统主要部件的构造

① 散热器　散热器的功用是增大散热面积，加速水的冷却。冷却水经过散热器后，其温度可降低 10～15℃，为了将散热器传出的热量尽快带走，在散热器后面装有风扇与散热器配合工作。

散热器又称为水箱，由上水室、散热器芯和下水室等组成，如图 2-11 所示。

散热器上水室顶部有加水口，冷却水由此注入整个冷却系并用散热器盖盖住。在上部水室和下部水室分别装有进水管和出水管，进水管和出水管分别用橡胶软管与气缸盖的出水管和水泵的进水管相连，这样，既便于安装，而且当发动机和散热器之间产生少量位移时不会漏水。在散热器下面一般装有减震垫，防止散热器受振动损坏。在散热器下部水室的出水管上还有放水开关，必要时可将散热器内的冷却水放掉。

散热器芯由许多冷却管和散热片组成，对于散热器芯应该有尽可能大的散热面积，采用散热片是为了增加散热器芯的散热面积。散热器芯的构造形式有多样，常用的有管片式和管带式两种。

管片式散热器芯冷却管的断面大多为扁圆形，它连通上、下水室，是冷却水的通道。和圆形断面的冷却管相比，不但散热面积大，而且万一管内的冷却水结冰膨胀，扁管可以借其横断面变形而避免破裂。采用散热片不但可以增加散热面积，还可增大散热器的刚度和强度。这种散热器芯强度和刚度都好，耐高压，但制造工艺较复杂，成本高。

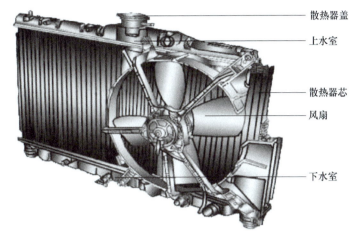

图 2-11　散热器的组成

管带式散热器芯采用冷却管和散热带沿纵向间隔排列的方式，散热带上的小孔是为了破坏空气流在散热带上形成的附面层，使散热能力提高。这种散热器芯散热能力强，制造工艺简单，成本低，但结构刚度不如管片式大，一般多为轿车发动机采用，近年来在一些中型车辆上也开始采用。

对散热器的要求是，必须有足够的散热面积，而且所有材料导热性能要好，因此，散热器一般用铜或铝制成。

目前汽车发动机多采用闭式水冷却系，这种冷却系的散热器盖具有自动阀门，发动机热态工作正常时，阀门关闭，将冷却系与大气隔开。为防止水蒸气逸出，使冷却系内的压力稍高于大气压力，从而可增高冷却水的沸点。如图 2-12 所示。

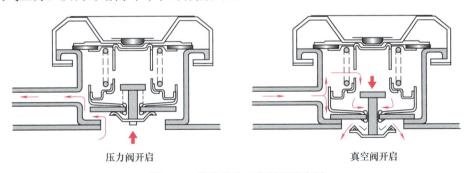

图 2-12　散热器盖工作原理示意图

加注冷却液的汽车发动机，为了减少冷却液的损失，保证冷却系的正常工作，采用散热器＋储水箱结构。储水箱的上方用一根软管通大气，另一根软管与散热器的溢流管相连。当散热器内蒸汽压力升高到某一值时，其盖上的压力阀打开，冷却液通过压力阀通过溢流管进入储水箱；当温度下降时，冷却液又从储水箱通过真空阀流回到散热器内部。这样可以防止冷却水损失。储水箱内部印有两条液面高度标记线，储水箱内的液面高度应位于这两种刻线之间。

② 风扇　风扇的功用是提高通过散热器芯的空气流速，增加散热效果，加速水的冷却。风扇通常安排在散热器后面，并与水泵同轴。当风扇旋转时，对空气产生吸力，使之沿轴向流动。空气流由前向后通过散热器芯，使流经散热器芯的冷却水加速冷却。

车用发动机的风扇有两种形式，即轴流式和离心式。轴流式风扇所产生的风，其流向与风扇轴平行；离心式风扇所产生的风，其流向为径向。轴流式风扇效率高，风量大，结构简单，布置方便。因而在车用发动机上得到了广泛的应用。

③ 水泵　水泵的功用是对冷却水加压，加速冷却水的循环流动，保证冷却可靠。车用发动机上多采用离心式水泵，离心式水泵具有结构简单、尺寸小、排水量大、维修方便等优点。离心式水泵主要由泵体、叶轮和水泵轴等组成，如图 2-13 所示。

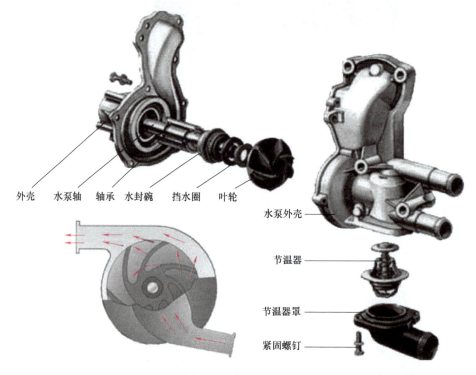

图 2-13　离心式水泵

叶轮一般是径向或向后弯曲的，其数目一般为 6～9 片。当叶轮旋转时，水泵中的水被叶轮带动一起旋转，在离心力作用下，水被甩向叶轮边缘，然后经外壳上与叶轮呈切线方向的出水管压送到发动机水套内。与此同时，叶轮中心处的压力降低，散热器中的水便经进水管被吸进叶轮中心部分。如此连续的作用，使冷却水在水路中不断地循环。如果水泵因故停止工作时，冷却水仍然能从叶轮叶片之间流过，进行热流循环，不至于很快产生过热。

④ 冷却强度调节装置　冷却强度调节装置是根据发动机不同工况和不同使用条件，改变冷却系的散热能力，即改变冷却强度，从而保证发动机经常在最有利的温度状态下工作。改变冷却强度通常有两种调节方式，一种是改变通过散热器的空气流量；另一种是改变冷却液的循环流量和循环范围。

a. 改变通过散热器的空气流量　通常利用百叶窗和各种自动风扇离合器来实现改变通过散热器的空气流量。百叶窗调节空气流量并防止冬季冻坏水箱，多用人工调节，也有采用自动调节装置的。自动风扇离合器是根据发动机的温度自动控制风扇的转速，调节扇风量以达到改变通过散热器的空气流量,它不仅能减少发动机的功率损失,节省燃油,而且还能提高发动机的使用寿命,降低发动机的噪声。

b. 改变冷却液的循环流量和循环范围　通常利用节温器来控制通过散热器冷却水的流量。节温器装在冷却水循环的通路中（一般装在气缸盖的出水口），根据发动机负荷大小和水温的高低自动改变水的循环流动路线,以达到调节冷却系的冷却强度。节温器有蜡式和乙醚皱纹筒式两种,目前多数发动机采用蜡式节温器。

2.3.2 任务实施

① 冷却液的检查　现代轿车汽油机冷却系统中都装有冷却液补偿系统。补偿系统由膨胀水桶和连接到散热器加水口座上的溢流管等组成。膨胀水桶最低液面高度高出散热器液面,系统可以使散热器充满冷却液,以便发挥散热器的最大散热功能。发动机温度升高时,散热器的冷却液受热膨胀,冷却液和上方的热空气就会从散热器流入膨胀水桶;当发动机温度降低时,散热器中的冷却液就会收缩,冷却液就从膨胀水桶中流入散热器。这样,就使散热器中始终充满冷却液。所以,在发动机运转温度正常时,膨胀水桶的冷却液液面高度应保持在最低位置和最高位置标记的范围内。

检查发动机冷却液位时,要等发动机冷却后,检查冷却液储液罐中的液位。如果液位在储液罐上高位线与低位线之间,则表明液量充分。如果液位低,则需添加冷却液。随着发动机温度的高低,冷却液储液罐中的液位也随之变化。

如果在加冷却液后,在短时间内液位下降,则系统可能有泄漏。须检查散热器、软管、发动机冷却液箱盖、散热器旋塞以及水泵。如果仍然没有发现泄漏,则对冷却系统进行加压测试。

② 冷却液的更换

a. 冷却液的加注。首先拧开散热器上方的散热器盖,打开调温器上部的放气阀,向散热器加水口加注冷却液。当看到放气阀口流出冷却液时将放气阀关闭,继续向加水口加注冷却液,加满后,装好散热器盖。

b. 放净旧冷却液的方法。打开发动机缸体上和散热器下方的放水开关,装有暖风装置的应将暖风上的温度选择器调到全开位置,为使水流动较快,可以旋开调温器上方的气阀。为使冷却液全部放净,如果看到膨胀水桶的冷却液还没有全部放净,可以把连接在散热器加水口座溢流管上的软管拆下,放净后再装上。

③ 选择和更换冷却液时应注意事项

a. 选择优良品种的冷却液。应当尽量选择质量优良的知名品牌——乙二醇型冷却液,其凝固点比汽车运行地区的最低温度再低10℃左右。

合理选用冷却液是保证发动机冷却系统正常工作的重要环节,而正确选用优质冷却液是减少铝制发动机气缸盖等零部件被腐蚀的关键。

b. 定期检修冷却系统。冷却系统堵塞、防冻液循环不畅、气缸垫烧坏、发动机风扇皮带过松等,都会导致冷却液使用时出现不正常的现象。

c. 加入冷却液应清洗发动机冷却系统。加入冷却液前,应先使用清水或专用水箱清洗剂清洗发动机冷却系统。其方法是:先将发动机升温至 40~50℃ 再熄火,打开膨胀水箱盖和放水开关（或螺塞）,放净系统中的冷却液,然后向发动机内加满清洁的水或专用水箱清洗剂,再使发动机怠速运转 5min,放出清洗水,最后关上放水开关（或螺塞）,加入新冷却液。

④ 更换发动机冷却液时的步骤　首先，更换冷却液时应防止泄漏到机件上，并防止热的防冻液喷出伤人。其次，要保证将冷却液释放干净，需要将散热器和缸体中的冷却液都放掉，并能够保证冷却系统中不会残存空气，将液位添加到标准量。最后，工序完成后确认是否有泄漏。

目前丰田有两种类型的发动机长效冷却液在中国地区使用：红颜色的"丰田纯牌长效冷却液"和粉颜色的"丰田超级长效冷却液"。使用"丰田纯牌长效冷却液（红色）"的车辆规定每行驶4万公里或2年（以先到者为准）进行更换。使用"丰田超级长效冷却液（粉色）"的车辆规定首次行驶到16万公里时进行更换，之后每8万公里进行更换，不再有使用时间的限制。另外，"丰田超级长效冷却液（粉色）"是由冷却液和去离子水各50%混合而成的，这种冷却液对于低到约-35℃的温度能起到保护作用。

另外，冷却液可能会有不同的浓度，可以使用加水的冷却液，然而如果不是合适的浓度的话，它可能容易凝固。对于每个地区须使用合适浓度的丰田长效冷却液。应参考用户手册来选择合适浓度的丰田长效冷却液。

2.3.3　拓展与延伸

冷却液膨胀与收缩

发动机冷却液有以下功能：防止冷却液凝固、防止冷却系统部件生锈、防止过热（沸点比水高）。要定期更换发动机冷却液。根据行驶里程或时间长短来更换发动机的冷却液，因为难以通过目视来判断它的变质程度。如果冷却液位没有变化，其内在防锈品质降低，散热器、管路、软管等将会损坏。

（1）发动机冷却液

在过去，我国汽车的冷却介质一直是水，因此，汽车的冷却系统叫闭式循环水冷却系，散热器俗称水箱。随着时代的发展，现代的轿车已基本上实行开式循环冷却系，其水温可高达95～105℃，因而使用防冻液替代了传统的水。

（2）冷却介质的缺点

a. 水的冰点高、易结冰、影响散热，且结冰时体积膨胀10%左右，冬季夜晚忘记防水，容易使散热器、气缸体和气缸盖等冻裂。

b. 自然水的成分不纯洁，含有不同种类的矿物质（如碳酸钙、碳酸镁、氯化钠、硅酸盐、硫化物等）。碳酸钙、碳酸镁在冷却系统中容易沉积形成水垢，氯化物和硅酸盐等容易对金属产生腐蚀，且随地域不同，自然水的水质也不相同，自然界中难以找到满足水质要求的纯净自然水。

在实际使用过程中，许多驾驶员在冬季使用发动机冷却液，夏季改用自来水。他们认为采用这种方式，既经济又实惠，但实际上所加入的水往往是不纯净的，给发动机留下了一定的后患。由于自来水在高温状态下极易产生绝热性强的水垢，水垢覆盖在水套、散热器、温度传感器和温控开关等处，造成温度失控、冷却风扇启动过迟，易形成"过热恶性循环"。

使用自来水作为冷却介质，产生过热现象一般发生在低速行驶阶段。汽车高速行驶时，因有迎面风和冷却风扇的双重作用，散热效果较好，水温一般不会超过正常工作温度。当汽车在市区低速行驶和长时间使用空调时，因迎面风减小，加之空调冷凝器发出的热积聚在散热器周围，导致水温上升，严重时导致散热器"开锅"、大量的水蒸气冲出散热器盖，进入膨胀水箱。因膨胀水箱容积有限，水蒸气大量喷出使冷却液损失，冷却能力下降，特别严重时，会导致冲坏气缸垫、拉缸等故障发生。

（3）冷却液种类、性能要求

目前，国内使用的冷却液有乙二醇水、酒精水、甘油水等，其中乙二醇水型使用最为广泛，它是由软水和乙二醇加上防锈剂、防霉剂、pH调节剂、抗泡剂及着色剂等添加剂组成。

我国参照ASTMD 3306标准制定了冷却液的国家标准GB 29743—2013。该标准所属产品分为浓缩和冷却液类，按质量分为一级品和合格品两个等级，冷却液按凝固点分为—25号、—30号、—35号、—40号、—45号、—50号六个牌号。

国内乙二醇冷却液从防腐性能上分为普通型和长效型两种。普通型使用期为一个冬季，长效型则为2年。随着汽车技术性能的逐渐提高，要求使用长效型冷却液的汽车越来越多。目前市场上出售的长效型冷却液有直接使用型和浓缩型两种，浓缩型液在使用时，应根据当地的气温进行稀释和配制。

为了克服水箱易结水垢、生锈和水易沸腾的缺点，水冷式发动机使用了冷却液作为冷却剂，其发动机也对冷却液提出了相应的性能要求。

a. 凝固点低。最低凝固点应能达到—50℃左右，可防止水箱及冷却系统管路不被冻裂。同时保证汽车在低温下随时启动。

b. 沸点高，挥发性小。沸点应在100℃以上。

c. 水垢少，导热性好，充分起到冷却发动机及其部件的作用。

d. 闪点高，不易着火燃烧。

e. 不腐蚀金属，不侵蚀橡胶。

f. 不产生泡沫。

（4）冷却液的颜色

从颜色上可以鉴别冷却液的类型吗？不能鉴定。因为颜色只是一个标志，它是由所用染色剂决定的，与实际质量无关。

现在市场销售的冷却液有很多颜色。例如：长城多效冷却液为荧光绿色，加德士特级冷却液为橙色，蓝星冷却液为蓝色，统力冷却液为红色。

冷却液的颜色和冷却液的性能、质量没有必然的联系。冷却液本身是无色透明的液体，这些冷却液做成鲜艳夺目的颜色，主要是为了便于区分和辨认而加入了一些染色剂，另外一个作用就是为防止误食。

（5）冷却液使用

a. 加注冷却液前一定要对发动机冷却系统进行一次认真的清洗。

因为冷却液中加有除垢剂和清洗剂，使用前如果没有对发动机冷却系统进行认真的清洗，直接加入冷却液后，发动机冷却系统中原有的水垢与冷却液接触后脱落，使冷却液变浊、变稠，甚至变色、变味，严重时堵塞水管、水道或沉淀在水箱下部弯管接头处，造成散热不良，致使发动机温度过高。为防止这些情况发生，在加注冷却液前，应使用10%的烧碱水溶液浸泡水箱1h，再将冲洗液排放掉，然后用软化水反复冲洗2~3次，以清除发动机冷却系统中原积存的水垢，冲洗完后才能加注冷却液。

b. 加注冷却液前，要检查发动机冷却系统有无渗漏现象，并应及时排除后才能使用冷却液。

c. 禁止直接加注冷却液。有些驾驶人员及修理人员以为冷却液越纯越好，乙二醇浓度越大越好，而直接加注冷却液母液，这样做不但不能满足发动机对冷却液凝固点的要求，反而会出现一些意想不到的现象，如冷却液变质、浓度大、密度大、低温黏度增大以及出现发动机温度高等现象。所以在使用冷却液母液时，一定要按要求进行调制，禁止直接使用。

d. 使用冷却液要定期进行检查。冷却液的有效期一般为2～4年。因此，冷却液的使用有连续性。为了减少浪费，冷却液加注后，不要随意更换。但是，应对使用中的冷却液实行定期定项的检查。每年可结合换季维护对冷却液进行检查，检查内容包括凝固点、密度及外观检查，发现密度增大，冷却液变稠，凝固点上升，以及冷却液变浊、变质、变味、发泡等现象应及时更换。

任务 2.4　检查其他油液

2.4.1　相关知识

制动液是汽车液压制动系统中传递制动压力的液态介质。对汽车制动液的性能要求是：黏温性好，凝固点低，低温流动性好；沸点高，高温下不产生气阻；使用过程中品质变化小，并不引起金属件和橡胶件的腐蚀和变质。

制动液有以下三种类型。

① 蓖麻油-醇型：用精制蓖麻油和乙醇按1∶1配制而成。在寒冷地区，用蓖麻油34%、丙三醇（甘油）13%、乙醇53%配制成的制动液，在－35℃左右仍能保证正常制动，但沸点低，易产生气阻。

② 合成型：用醚、醇、酯等掺入润滑、抗氧化、防锈、抗橡胶溶胀等添加剂制成，使用性能良好，工作温度可高达150℃，但价格较高。

③ 矿油型：用精制的轻柴油馏分加入稠化剂和其他添加剂制成，工作温度范围为－70～150℃。它的使用性能良好，但制动系统须配用耐矿油的橡胶件。中国的矿油型制动液分"7号"和"9号"两种，"7号"用于严寒地区，"9号"用于气温不低于－25℃的地区。各种制动液不可混存和混用，否则会出现分层而失去作用。

制动液是汽车制动系统至关重要的安全用品，使用陈旧的制动液很容易导致制动系统在紧急制动的情况下失效。汽车生产厂家对它的更换周期一般都规定为2年，但在实际用车过程中用户却并未遵循这个原则，而是根据制动液的质量状况来决定是否需要更换。在连续使用两三年甚至更长时间未见异常的情况下，很多车主对于制动液的更换周期便采用"视情而定"的原则了。但是究竟如何根据制动液的具体质量状况来确定是否需要更换，不仅车主不知道具体标准，而且很多维修企业也缺乏有效手段来检测制动液的质量。

2.4.2　任务实施

（1）检测制动液性能

① 用于定性分析含水量的制动液快速探测笔（图2-14）　制动液快速探测笔上有3个LED灯，分别为绿色、黄色和红色。使用方法非常简单，只要在管内吸入制动液，根据笔

上 LED 灯的显示情况，就可以快速定性判断制动液的含水量。绿色 LED 灯说明制动液含水量低，制动液合格；黄色 LED 灯说明制动液含水量一般，可以继续使用，不过 6 个月以后需要再检测一次；红色 LED 灯说明制动液含水量较高，制动液不能继续使用，需要及时更换。

② 用于定量分析含水量的制动液检测仪　如果知道了制动液的含水量，并且知道该制动液的类型和制造商，那么就可以根据技术资料来找出制动液的沸点，从而确定制动液能否继续使用。在实际应用中，一般参照如下标准判断制动液性能：含水量低于 0.5% 说明制动液正常，含水量在 0.5%～2.5%，制动液可换也可不换；含水量大于 2.5%，制动液必须更换。

③ 制动液检测仪（图 2-15）的使用方法

　　a. 擦干净探测头的外表面，将它置于干燥的空气中或完全插入新的制动液中。

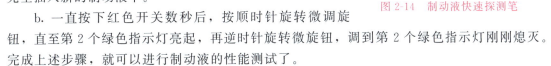

图 2-14　制动液快速探测笔

　　b. 一直按下红色开关数秒后，按顺时针旋转微调旋钮，直至第 2 个绿色指示灯亮起，再逆时针旋转微旋钮，调到第 2 个绿色指示灯刚刚熄灭。完成上述步骤，就可以进行制动液的性能测试了。

　　c. 测量时，将探测头完全插入待测量的制动液中，一直按下红色按钮开关数秒后，根据工作指示灯判断制动液液体的状态。所有的绿色指示灯亮，表示制动液是正常的，含水量低于 0.5%；黄色的指示灯亮，则表示制动液不良，水分含量已经高于 0.5%，可选择更换；红色警示灯亮，并伴随着蜂鸣器响，则说明制动液严重变坏，含水量已经高于 2.5%，制动力严重下降，必须更换。

　　d. 待测试完毕，应清理且归位探头与仪器。

使用中需要注意的是，因制动液的品质或类型不同，比如针对 DOT5、DOT4 或 DOT3 不同类型制动液的检测，每次测试都需要调节制动液检测器。也就是按照上述①、②完成测试的准备工作。另外，当仪器电池电量不足时，仪器的 4 个指示灯会同时闪烁，并伴有蜂鸣器的响声，这种情况下需要更换电池，也可以直接用汽车蓄电池代替。

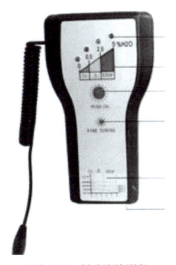

图 2-15　制动液检测仪

图 2-16　制动液安全检测仪

④ 用于测试沸点的制动液安全检测仪 通过测试沸点来判定制动液的性能，过去只能在实验室通过特定的设备才能做到。近年来市场上出现的制动液安全检测仪（图2-16），使用户能够在1min内就检测出制动液精确的沸点。制动液安全测试仪显示的沸点读数和规格是非常清晰和准确的，可以一目了然地知道被测试的制动液是否符合标准。

制动液安全检测仪的使用方法并不复杂，只要将探头插入制动液储液罐中，接上电源并按下开关，制动液就会被加热到沸点，此时温度就会被精确的电子温度计记录下来，并显示在屏幕上。维修人员可以快速方便地判定制动液是不是需要更换，或者是否在汽车制造商规定制动液测试标准范围内，测试数据可以储存并能继续保留在显示屏上，以便展示给车主看。

（2）自动变速器液位的检查

ATF（自动变速器液）是一种高质量高精炼的液体，主要用在汽车自动变速器中。在市场上有五种ATF可用，即D-Ⅱ、T型、T-Ⅱ、T-Ⅲ、T-Ⅳ。

图2-17 各种型号的ATF液

提示：自从T-Ⅳ ATF问世后，T型、T-Ⅱ和T-Ⅲ就不再出现，如图2-17所示。

注意：根据汽车变速器的型号使用不同类型的ATF液，如图2-18所示。因此，在更换ATF之前一定要参阅液面指示器或排放塞上的标号以及修理手册中"准备"一节中有关润滑剂的部分。

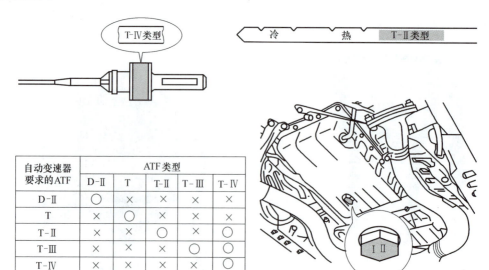

自动变速器要求的ATF	ATF类型				
	D-Ⅱ	T	T-Ⅱ	T-Ⅲ	T-Ⅳ
D-Ⅱ	○	×	×	×	×
T	×	○	×	×	×
T-Ⅱ	×	×	○	×	○
T-Ⅲ	×	×	×	○	○
T-Ⅳ	×	×	×	×	○

○：可用　×：不可用

图2-18 ATF液的型号选择

① 更换ATF的重要性（它会由于使用而变质） 如果不更换ATF，则Ⅰ换挡时的冲击变大；Ⅱ燃油经济性变差；Ⅲ变速器发出异常噪声。

② 油液泄漏 检查ATF液位，它不应当随着行驶里程或使用时间的延长而降低。如果ATF液位降低，毫无例外是由液体泄漏引起的，应当更换油封。ATF就车检查如图2-19所示。

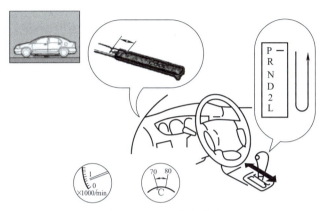

图2-19　ATF就车检查

2.4.3　拓展与延伸

汽车制动液是液压制动系统和液压式离合器操纵机构传递能量的工作介质，必须具有多种适应现代汽车的性能要求，以保证行驶安全。

（1）制动液优劣影响制动性能

刹车油就是制动液的俗称，它是用来将车主的刹车力量传输到汽车制动器上。制动液质量的优劣及合理使用与否，直接影响汽车的制动性能以及行车安全，因而被视为安全油料。

汽车在长时间制动或高温季节使用时会使制动系统温度升高，如使用沸点较低的制动液，在高温时制动液会蒸发使制动系统管路充有蒸汽，产生气阻，从而阻塞制动液的导流管，引起制动失灵。为保证行车安全，除要求制动液有较高的沸点外，还要求具有较好的流性、适当的黏度和良好的抗腐蚀性等性能。

① 应有较高的沸点。现代汽车在行驶中的制动比较频繁，制动鼓（盘）的温度不断升高，如使用沸点较低的制动液，常会在管路中产生气阻而导致制动失灵，因此制动液的蒸发性要低，不易在高温下汽化。

② 适宜的高温黏度和良好的低温流动性。制动液在各种条件下都能及时传递压力，并同时使传动机构中的运动件得到一定的润滑。

③ 具有抗氧化、抗腐蚀和防锈的性能。制动液长期与金属相接触应不会因氧化而产生胶状物和腐蚀性物质，或因锈蚀而变色，甚至形成坑点。

④ 吸湿性低、溶水性好、沸点下降少。即使有水分进入制动液，要求能形成微粒而和制动液均匀混合，不产生分离和沉淀现象。

⑤ 对橡胶的适应性好。制动液对橡胶件不应有溶胀作用，否则会使其失去应有的密封作用，因此制动液对橡胶件要有良好的适应性。

如果正在驾驶汽车高速行驶，忽然发现前方有情况需要立刻停车，可是在踩刹车的时候才发现刹车失灵,那后果是非常可怕的。汽车的制动系统关系着车主的安全,这一点已经为广大车主所熟知,但对于制动液却是知之甚少,许多车主往往是买回新车直到车辆损坏都没有注意过,更谈不上检查和更换。

(2) 不同规格制动液不能随便混用

当打开汽车发动机盖后,一般在驾驶员的正前方有一个白色半透明油壶,这就是加入制动液的地方。透过油壶能看见里面的液面,外面标有上限和下限的刻度,如果液面在其范围内就说明制动液量正常。在添加制动液时要特别注意不同规格的制动液不能混用,不同厂家生产的同规格制动液尽量不要混用,否则会因配方不同而分层或产生化学变化,影响制动液性能,降低汽车制动效能。如无相同厂家生产的相同规格制动液,应对制动系统中的制动液全部予以更换,以确保行车安全。

制动液中不能有水分和矿物油混入,否则很容易产生气阻。由于制动液在制动管来回运动,刹车总泵与分泵的金属粉末会渗到制动液里,一段时间后,就会产生杂质,这样就会直接影响车辆的制动力,表现为车主感觉刹车过"软"。因此,一般来说,车主每一两年或行驶3万~6万公里,就必须更换一次制动液。

每个汽车厂家都对其生产的汽车规定了制动液的更换时间和里程。一般来说,同一车系中的车型,更换时间和里程标准基本相同,不过也有个别车型略有不同。到底该什么时候更换制动液,还是要到4S店进行检查和咨询。

(3) 助力转向液

助力转向油是汽车助力转向泵里面用的一种特殊液体,通过液压作用,可以使方向盘变得非常轻巧,与自动变速器油液、制动油液以及减震油液类似。

助力转向是汽车上的一种增加舒适性的新技术,可以在驾驶员进行转向的时候自动提供转向力,从而减轻驾驶员的转向劳动强度,而助力转向液(油)就是加注在助力转向系统里面的一种介质油,起到传递转向力和缓冲的作用。

一般汽车厂家并不严格规定转向液(油)的更换周期。大多数汽车保养维修店会参考其他同行业的服务企业,互相借鉴取长补短。也有比较规范的企业会参考国外汽车公司的汽车保养要求,并结合目前我国的道路状况、空气质量和使用人员的技术水平等因素作出比较合理的规定。

① 使用步骤

a. 制作排油延长管。

b. 用抽油机或注射器清空储油壶。

c. 断开助力转向器排油管,助力转向油储油壶,一般接有进排各两油管,较细的油管是排油管。

d. 接上排油延长管。

e. 堵住储油壶的排油管口,启动汽车一边排油一边加入新油,用油1L。

f. 用容器接废油,妥善处理,不要对环境造成污染。

g. 接上排油管,将油加到适中。

② 注意事项

a. 助力转向液(油)含有致癌物质,如果沾到皮肤应及时清洗干净。

b. 助力转向液(油)有腐蚀性,可能导致油漆失去光泽,也会导致橡胶配件老化,如有沾染应及时清洗。

c. 配有液力助力转向系统的汽车,在使用过程中避免方向打死,长时间那样会烧蚀助力转向油泵。

任务2.5 检查皮带

2.5.1 相关知识

传动皮带更换的工作程序因皮带张紧力调节方法的不同而不同。对传动皮带需施加张紧力。取下传动皮带时,需要放松张紧力,而安装了传动皮带后需要对张紧力进行调节。必须定期检查皮带并调节其张紧力。若张紧力不当,皮带会滑脱或产生异常噪声。如图2-20～图2-23所示。

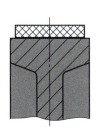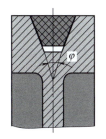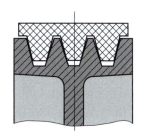

图 2-20 皮带的种类

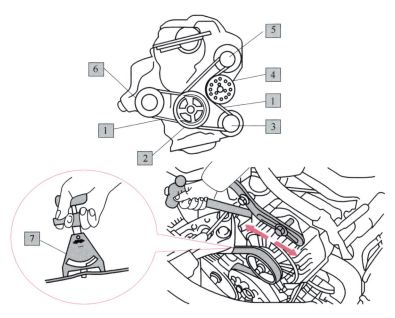

图 2-21 皮带的传动

1—传动皮带;2—曲轴皮带轮;3—空调压缩机;4—水泵皮带轮;
5—发电机皮带轮;6—凸轮皮带轮;7—张紧力表

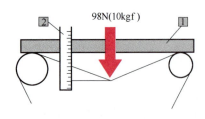

图 2-22　用直规仪检查传动皮带
1—直规仪；2—直尺

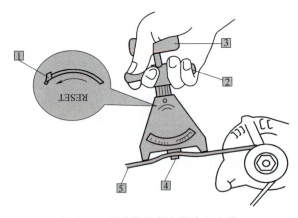

图 2-23　用皮带张紧力表检查皮带
1—按压指示；2—把手；3—手柄；4—卡钩；5—皮带

发动机运转时有异常噪声如沙沙响、吱吱响、哗哗响等，在发动机停止运转时可用手去扳动皮带轮，检查是否有松动，如果发现移动间隙大应更换皮带轮。

在不及时更换的情况下行驶，有时皮带轮摆动量大造成皮带加速磨损，有时出现皮带介轮卡死将皮带磨光，有时皮带轮自身脱落，使皮带脱槽，发动机的发电机及水泵、转向助力泵、空调泵等其他需要发动机动力的元件失去动力来源造成车辆抛锚不能正常行驶。

在汽车发动机行驶 6 万至 9 万公里之间，应检查皮带磨损的情况，同时也要注意检查发动机皮带轮的工作情况。如果有异常应该更换，即使皮带磨损不严重也要更换发动机皮带轮。

皮带的检查主要包括两个方面的内容：皮带张力和皮带的磨损情况。

首先检查皮带的张力，这时可以用拇指，强力地按压 2 个皮带轮中间的皮带。按压力约为 98N（10kgf）左右，如果皮带的压下量在 10mm 左右，则认为皮带张力合适。如果压下量过大，则认为皮带的张力不足。如果皮带几乎不出现压下量，则认为皮带的张力过大。张力不足时，皮带很容易出现打滑。张力过大时，很容易损伤各种辅机的轴承。为此，应该把相关的调整螺母或螺栓拧松，把皮带的张力调整到最佳的状态。

除此之外，还必须注意皮带的磨损情况。旧皮带磨损严重，使皮带和皮带轮的接触面积锐减。这时只要用力一压皮带，皮带就深深地下沉到皮带轮的槽内。皮带的橡胶还有一个老化问题，如果皮带橡胶严重老化，必须及时地更换新皮带。

在发动机前端有数根皮带，各个皮带都承担着重要的作用。在发动机上，通过皮带传动驱动各种辅机运转，例如空调器的压缩机、动力转向油泵、交流发电机等。如果皮带断裂了，或者出现了打滑，都将使相关的辅机丧失功能，或使其性能下降，从而影响到汽车的正常使用。所以，对皮带的日常检查是非常重要的。

2.5.2　任务实施

（1）用手指压传动皮带以检查皮带变形

将精密直规仪放在发电机和曲轴皮带轮之间的皮带上，用 98N（10kgf）的力推压皮带的中心后部，用直尺测量变形量。

（2）用皮带张紧力表检查皮带变形（图 2-23）

① 旋转重置杠杆以重置针阀。

② 夹紧皮带上的把手、手柄和卡钩。

例如：

变形的规定数值（适用于 2000 年 8 月 Corolla 1NZ-FE 发动机）。

若安装了新的皮带：539～637N（54～64kgf）。

若安装了重新使用的皮带：245～392N（25～40kgf）。

提示：

a. 确认皮带牢固地系在卡钩上。

b. 确认测量表与皮带垂直。

③ 当把手松开后，卡钩用收缩性弹簧力拉动皮带，弹簧力使指针指示张紧力的大小。

提示：

a. 可以在任意两个皮带轮之间测量张紧力。

b. 根据发动机的不同，测量值也不同。可参考修理手册。

2.5.3 拓展与延伸

当今，随着汽车先进程度越来越高，维修的工作量将逐渐减少。于是，车主们往往认为他们的车辆基本不需要修理。而各汽车制造商明确规定了皮带进行常规检查及更换的周期，作为专业维修技师，应该将这一点向车主讲明：作为定期维护、全面检查的一项内容，皮带的维护应该加在定期维护的程序中。

如果忽视了这一点，没有定期检查、及时更换有故障的皮带，可能会导致严重的后果。如图 2-24 所示，正时皮带破裂时，如果皮带被咬住，那么气门停在打开状态，同时发动机停止运转；破裂时如果发动机是空转，就意味着在行程顶部的活塞与张开的气门之间存有空隙。这两种情况下的破裂，损坏的只是正时皮带本身。但是，如果发动机是"过盈配合"设计，活塞和气门占据着相同空间，它们之间没有间隙，那么很快就会损坏其他部件，如气门被弯曲，活塞受冲压等。

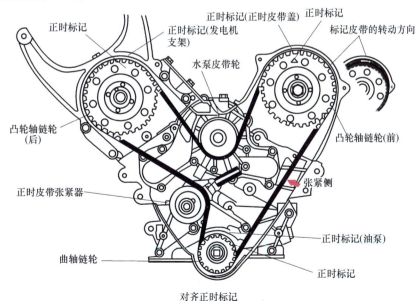

图 2-24　正时皮带位置

皮带检查时皮带没有破裂,并不意味着它没有问题。随着皮带越用越旧,它拉伸的程度势必超过张紧装置能够补偿的范围,因而产生正时链轮打滑。而轮齿磨损、有润滑油附着等也会导致打滑。检查时,如果皮带有硬度降低、磨蚀、纤维断裂或者裂纹、裂缝的现象,就表明皮带已破损,不可以继续使用。接下来,检查链轮故障。损坏的链轮能"烧毁"皮带材料,并加剧皮带齿磨损。链轮故障还可能使气门机构对正时皮带产生更大的阻力。

皮带检查过程中,第一项任务是检查皮带的松紧度。如今大多数发动机都带有皮带张紧自动调节机构;有些发动机是带手动调整装置的,但调节器本身是自动的。为了测量准确,可以采用张力计。用工具测量时,首先要拆卸皮带外壳,再把张力计放在链轮之间进行测量,这种检查在许多传动舱内很不实际。因此,最好还是通过感觉来判断皮带的松紧度。如果已查明皮带松弛,那就有可能是皮带拉伸过度,或者是自动张紧装置松弛或卡住,还有就是弹簧断裂。问题发现得早,也就是在皮带转动松弛还没有咬合皮带齿时,那就应该对张紧装置复位,或者拧紧定位螺钉。如果皮带有跳动的现象,就应该及时把它换掉。如果皮带相当紧,怎么办呢?

可以用粉笔或胶带纸在皮带背面做个记号,然后用手转动发动机,检查整个皮带。查看皮带齿是否有磨损或剪切、皮带侧壁有无裂纹(尤其是皮带齿边缘)、皮带背面是否有裂缝以及有无任何油迹、油脂或冷却剂浸湿的痕迹。如果出现上述任何一种现象,都应该更换皮带,而且还应查明产生上述问题的根本原因,并予以排除。

当然,油迹、冷却剂印迹等可能是人为的,而非渗漏所致。但是,要记住皮带外壳有衬垫密封,它们会被渗漏的液体伤蚀,而皮带的外壳罩也有可能因卷曲而变形。皮带齿受损,常常发生在皮带张力低(即使皮带没有明显松弛)、链轮凹槽内有污物的时候。这时应再检查一下衬垫密封。但是,如果张紧装置提供的张力过大或者提供的张力适度而张紧装置未校准,两者都有可能使皮带齿和皮带背面破裂。这种情况比较少见。张紧装置未校准将导致皮带齿不均匀磨损,并产生大量噪声。这虽不是正时皮带的典型故障,但它警示了张紧装置未校准这一问题。

任务 2.6　轮胎检查与维护

2.6.1　相关知识

(1) 轮胎的介绍

① 子午线轮胎　这种轮胎的特点是帘布层帘线排列的方向与轮胎的子午断面一致(即胎冠角为零度),由于帘线的这种排列,使帘线的强度能得到充分利用,子午线轮胎的帘布层数一般比普通的斜线胎约可减少40%~50%。帘线在圆周方向只靠橡胶来联系。

轮胎类别

子午线轮胎与普通斜线胎相比,具有弹性大、耐磨性好、可使轮胎使用寿命提高30%~50%、滚动阻力小、可降低汽车油耗8%左右、附着性能好、缓冲性能好、承载能力大、不易穿刺等优点。缺点是:胎侧易裂口,由于侧面变形大,导致汽车侧向稳定性差,制造技术要求及成本高。

② 无内胎轮胎　无内胎轮胎与一般的轮胎不同之处在于没有内胎，空气直接压入外胎中，因此轮胎与轮辋间需有很好的密封。

无内胎轮胎在外观上和结构上与有内胎轮胎近似，所不同的是无内胎轮胎内壁上附加了一层厚约 2~3mm 的专门用来封气的橡胶密封层，它是用硫化的方法黏附上去的，当轮胎穿孔后，由于其本身处于压缩状态而紧裹着穿刺物，故能长期不漏气，即使将穿刺物拔出，也能暂时保持胎内气压。

无内胎轮胎胎圈上有若干道同心的环形槽，在胎内气压作用下，槽纹能可靠地使胎圈压紧在轮辋边缘上，保证密封。安装无内胎轮胎的轮辋是不漏气的，它有着倾斜的底部和光洁平面的漆层。气门嘴直接固定在轮辋上，其间垫以密封用的橡胶衬垫。

无内胎轮胎有气密性好、散热好、结构简单、质量轻等优点。缺点是途中修理较为困难。

③ 宽断面轮胎　随着汽车车速的提高，要求降低整车重心，改善操纵性能，这就要求提高轮胎的侧向稳定性和对路面的附着性能，以确保高速状态下的行车安全，这样低断面轮胎的出现就成为必然趋势。轮胎的断面高（H）与断面宽尺寸之比是代表轮胎结构特征的重要参数，称之为轮胎的高宽比，也有人称之为扁平比。

（2）标识

一般轮胎规格可描述如下。

例如，轮胎 195/65 R14 88H 或者 195/65H R15 88，可以解释为：

胎宽——195mm；

胎厚与胎宽的百分比为——65%，即胎厚=126.75，126.75/195×100%=65%；

轮毂直径——15 英寸；

载重系数——88；

速度标识——H，见表 2-1。

轮胎尺寸与规格

表 2-1　轮胎速度标识

速度标识	最大时速	常用车型	速度标识	最大时速	常用车型
N	140km/h	备用胎	U	200km/h	
P	150km/h		H	210km/h	运动型轿车
Q	160km/h	雪胎,轻型卡车胎	V	240km/h	跑车
R	170km/h	轻型卡车胎	Z	240km/h	跑车
S	180km/h		W	270km/h	特型跑车
T	190km/h		Y	300km/h	特型跑车

注：1. 较常见轮胎速度标识为 S，T，H。
　　2. 如轮胎无速度标识，除非另有说明，一般认为最大安全速度为 120km/h。

（3）轮胎的选用

轿车的车轮一般使用子午线轮胎。子午线轮胎的规格包括宽度、高宽比、内径和速度极限符号。以丰田 CROWN 3.0 轿车为例，其轮胎规格是 195/65R15，表示轮胎两边侧面之间的宽度是 195mm，65 表示高宽比，"R" 代表单词 RADIAL，表示是子午轮胎。15 是轮胎的内径，以英寸计。有些轮胎还注有速度标识符号，分别用 P、R、S、T、H、V、Z 等字母代表各速度极限值。

特别要指出的是高宽比，其含义是轮胎胎壁高度占胎宽的百分比，现代轿车的轮胎高宽比多数在 50～70 之间，数值越小，轮胎形状越扁平。随着车速的提高，为了降低轿车的重心和轴心，轮胎的直径不断缩小。为了保证有足够的承载能力，改善行驶的稳定性和抓地力，轮胎和轮圈的宽度只得不断加大。因此，轮胎的截面形状由原来的近似圆形向扁平化的椭圆形发展。

近几年的轿车已经实现了子午线轮胎无内胎，俗称"原子胎"。这种轮胎在高速行驶中不易聚热，当轮胎受到钉子或尖锐物穿破后，漏气缓慢，可继续行驶一段距离。另外，原子胎还有简化生产工艺、减轻重量、节约原料等好处。因此，装配原子胎已在轿车领域中逐渐成为潮流。

（4）轮胎充气注意事项

① 充气要注意安全。要随时用气压表检查气压，以免因充气过多，使轮胎爆破。

② 停止行驶后，须等轮胎散热后再充气，因车辆行驶时胎温会上升，对气压有影响。

③ 检查气门嘴。气门嘴和气门芯如果配合不平整，有凸出凹进的现象及其他缺陷，都不便充气和量气压。

④ 充气要注意清洁。充入的空气不能含有水汽和油液，以防内胎橡胶变质损坏。

⑤ 充气时不应超过标准气压过多再进行放气，以满足气压要求；也不可因长期在外出不能充气而增加充气量，以致超出标准气压过多。如超过标准气压会促使帘线过度伸张，引起其强力降低，影响轮胎的寿命。

⑥ 充气前应将气门嘴上的灰尘擦净，不要松动气门芯，充气完毕后应用肥皂泡水（或口水）涂在气门嘴上，检查是否漏气（如果漏气就会产生小气泡），并将气门嘴帽配齐装紧，防止泥沙进入气门嘴内部。

⑦ 子午线轮胎充气时，由于结构的原因，其下沉量、接地面积均较大，往往误认为充气不足而过多地充气；或反之，因其下沉量和接地面积本来就较大，在气压不足时也误认为已充足。应用标准气压表加以测定。子午线轮胎的使用气压应高于一般轮胎 0.5～1.5kgf/cm^2。

⑧ 随车的气压表（或充气泵使用的气压表）均应定期进行校对，以保证气压检查准确。

2.6.2 任务实施

（1）拆卸车轮

使用一把冲击扳手，按照交叉顺序拆卸四个车轮螺母。然后，拆卸车轮（见图 2-25）。

（2）轮胎检查

① 裂纹或者损坏　检查轮胎胎面和胎壁是否有裂纹、割痕或者其他损坏。

② 嵌入金属微粒或者外物　检查轮胎的胎面和胎壁是否嵌入任何金属微粒、石子或者其他异物。

③ 胎面深度　使用一个轮胎深度规测量轮胎的胎面深度（见图 2-26）。

提示：同时可以通过观察与地面接触的轮胎表面的胎面磨耗指示标记轻易地检查胎面深度。

④ 不正常磨损（图 2-27）　检查轮胎的整个外围是否有不均匀磨损和阶段磨损。

a. 气压。检查轮胎气压。

b. 漏气。检查气压后，通过在气门周围涂肥皂水检查是否漏气。

项目2 汽车5000公里维护

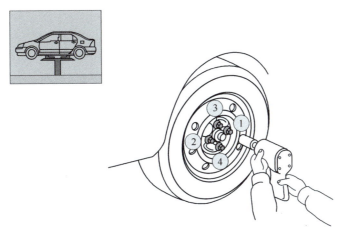

图 2-25 轮胎的拆卸

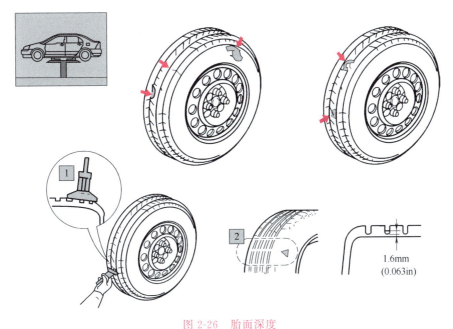

图 2-26 胎面深度
1—轮胎深度规；2—胎面磨耗指示标记

(3) 轮圈和轮盘损坏

检查轮圈和轮盘是否损坏、腐蚀、变形和跳动（见图 2-28）。

(4) 注意事项

① 注意轮胎气压　气压是轮胎的命门，过高和过低都会缩短它的使用寿命。气压过低，则胎体变形增大，胎侧容易出现裂口，同时产生屈挠运动，导致过度生热，促使橡胶老化，帘布层疲劳、帘线折断。气压过低，还会使轮胎接地面积增大加速胎肩磨损。气压过高，会使轮胎帘线受到过度的伸张变形，胎体弹性下降，使汽车在行驶中受到的负荷增大，如遇冲击会产生内裂和爆破，同时气压过高还会加速胎冠磨损，并使耐轧性能下降。

② 定期检查前轮定位　前轮定位对轮胎的使用寿命影响较大，而尤以前轮前束和前轮外倾为主要因素。前轮外倾主要会加速胎肩的磨损即偏磨；前轮前束过小过大主要是加速轮

63

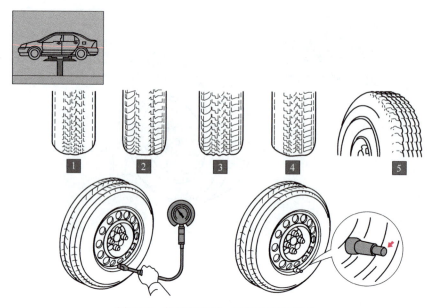

图 2-27　轮胎的磨损、气压和漏气检查

1—双肩磨损；2—中间磨损；3—薄边磨损；4—单肩磨损；5—跟部磨损

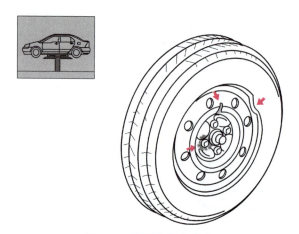

图 2-28　轮圈和轮盘检查

胎内外侧的磨损。

③ 注意自己的驾驶方式　司机在行车中除了处理情况外，要选择路面行驶，躲避锋利的石头、玻璃、金属等可能扎破和划伤轮胎的物体，躲避化学遗洒物质对轮胎的黏附、腐蚀。行驶在拱度较大的路面时，要尽量居中行驶，减少一侧轮胎负荷增大而使轮胎磨损不均。一般情况下，超载20%则轮胎寿命减少30%，超载40%则轮胎寿命减少50%；另外急速转弯、紧急制动、高速起步以及急加速等都将对轮胎的损坏产生影响，是司机在行车中要避免的。

2.6.3　拓展与延伸

（1）正确使用轮胎

轮胎在汽车各部件中的地位十分重要，对汽车行驶性能影响很大，轮胎的使用寿命直接影响运输经济效益。

① 限制行车速度　提高车辆行驶速度，特别是经常处于快速行驶时，轮胎的使用寿命显著降低。因为车辆快速行驶时，轮胎在单位时间内与地面的接触次数就越多，摩擦也越频繁，使轮胎的变形频率增加。这时胎体周向和侧向产生的扭曲变形也随之加大。当速度达到临界速度时，胎冠表面的振动出现了波浪变形，形成静止波。这种静止波能在其产生几分钟后导致轮胎爆破，这是由于轮胎变形来不及复原所造成的滞后损失，而它的大小与负荷作用的时间有关，速度越快，时间超短，大部分的动能被吸收转变成热量，从而使轮胎温度升高，橡胶老化加速和帘线层的耐疲劳强度降低，轮胎因而早期脱空或爆破，因此，限制行车速度是非常重要的。

② 根据道路情况行车　路面的种类及状况对轮胎使用寿命的影响很大，驾驶员应根据道路条件选择路面，掌握适当的行车速度，对增加轮胎的行驶里程具有积极作用。

车辆在平整、宽敞且视野良好的道路上行驶，如高速公路、国道线和省道线等，可根据车辆本身的技术条件和轮胎的性能适当提高车速，但也不宜过高，否则影响行车安全，降低轮胎的使用寿命。在不平整的碎石路和矿区路上行驶，由于尖石裸露或路边石块锐利，极易损坏轮胎，应注意选择路面并在较低车速下行车，以防止轮胎爆破损坏。

在冰雪路面上行驶，由于路面与车轮的摩擦系数较小，要注意防滑；若车轮打滑，应立即停车，试行倒退，另选路线前进，若倒退仍打滑，则应排除车前后和两旁的冰雪，或将后轮顶起，铺上石块、砖头、稻草，以便车辆通行。不要猛踏加速踏板，强行起步，以免轮胎越陷越深，原地空转剧烈生热，防止轮胎胎面及胎侧严重刮伤、划伤，甚至剥离掉块。在转弯频繁的路面上或陡坡上行驶，轮胎受到部分拖曳，即使路面条件较好，也应当在较低车速下行驶，以减少轮胎磨耗，确保行车安全。

③ 掌握轮胎的温度变化　炎热天气行车，由于外界气温较高，轮胎积热散发困难，由于行车速度快、运距长、道路条件恶劣等原因，胎温急剧上升，胎内气压也随之增加，从而加速橡胶老化，降低帘线与橡胶的粘合力，致使帘布层脱空或爆破损坏，故炎热天气行车应注意控制轮胎的使用温度。在酷热时行车，除应适当降低车速外，有条件的情况下可在早晚气温较低时行车，或车辆行驶一定距离后停车休息，防止胎温过高。严禁采用放气降压的做法，因放气后轮胎变形增大，会使胎温升高，最后也会因过热而使轮胎损坏。在气温低的季节，因为轮胎在使用时散热快，不容易产生高热，胎面较为耐磨。在气温低的季节，特别是严寒天气，车辆过夜或长时间停放后重新行驶时，为了提高轮胎温度，最好在起步后头几公里以低速驾驶为宜。因此，掌握轮胎行驶中温度变化是极重要的。

（2）采用正确驾驶方法

① 汽车起步不可过猛，无论空、重车都应低速平稳起步。避免轮胎与地面拖曳，以减少胎面磨耗。

② 在良好路面上行驶，应保持直线前进，除会车和避让障碍物外，禁止左右摇摆和急剧转向，以防轮胎和轮辋之间产生横向的切割损伤轮胎。

③ 车辆下长坡时应根据坡度大小、长度和道路情况，适当控制车速。在坡长、路陡、路况复杂的情况下，应挂挡行驶，并利用轻微制动控制车速下坡，这样不但可以避免紧急制动，减少轮胎磨损，而且对安全行车也有保障。

④ 车辆上坡时，应尽量利用惯性行驶，适时变速，及时换挡，上坡时要保持车辆有适当的余力，不要等车停了再重新起步，以减少轮胎的磨损。

⑤ 行车转弯应根据弯道情况控制车速，不要高速转弯，否则车辆产生较大的离心力，使车载货物倾斜，质心偏移一侧，单边轮胎超载拖曳，加速磨耗，同时还会使轮胎被轮辋横向切割，造成损坏。

⑥ 在复杂情况下（会车、超车、通过城镇、交叉路口、过铁路）行驶时，应掌握适当的行车速度，减少频繁制动和避免紧急制动，否则造成轮胎与地面之间的滑动摩擦，致使胎面严重磨损。

⑦ 在不良道路上应减速行驶，并仔细观察，择路通过，通过后应停车检查双胎之间是否夹有石子，如有应及时排除。

⑧ 车辆途中停车和到场停车，要养成安全滑行的停车习惯。在停车前要选择地面平整、干净和无油污的地面停放，每条轮胎都要平稳落地，尤其是车辆装载过夜，更应该注意选好停放地点，必要时将后轮顶起。

(3) 不正常磨损原因及解决办法

轮胎磨损主要是轮胎与地面间滑动产生的摩擦力造成的。汽车起步、转弯及制动等行驶条件的不断变化，转弯速度过快、起步过急、制动过猛，轮胎的磨损就快。另外，轮胎的磨损还与汽车的行驶速度有关，行驶速度愈快，轮胎磨损愈严重。路面的质量也直接影响到轮胎与地面的摩擦力，路面较差时，轮胎与地面滑动加剧，轮胎的磨损加快。以上情况产生的轮胎磨损，基本上是均匀的，属正常磨损。若轮胎使用不当或前轮定位不准，将产生故障性不正常磨损。

(4) 常见的不正常磨损

① 轮胎的中央部分早期磨损 主要原因是充气量过大。适当提高轮胎的充气量，可以减少轮胎的滚动阻力，节约燃油。但充气量过大时，不但影响轮胎的减振性能，还会使轮胎变形量过大，与地面的接触面积减小，正常磨损只能由胎面中央部分承担，形成早期磨损。如果在窄轮辋上选用宽轮胎，也会造成中央部分早期磨损。

② 轮胎两边磨损过大 主要原因是充气量不足，或长期超负荷行驶。充气量小或负荷重时，轮胎与地面的接触面大，使轮胎的两边与地面接触参加工作而形成早期磨损。

③ 轮胎的一边磨损量过大 主要原因是前轮定位失准。当前轮的外倾角过大时，轮胎的外边形成早期磨损，外倾角过小或没有时，轮胎的内边形成早期磨损。

④ 轮胎胎面出现锯齿状磨损 主要原因是前轮定位调整不当或前悬挂系统位置失常、球头松旷等，使正常滚动的车轮发生滑动或行驶中车轮定位不断变动而形成轮胎锯齿状磨损。

⑤ 个别轮胎磨损量大 个别车轮的悬挂系统失常、支承件弯曲或个别车轮不平衡都会造成个别轮胎早期磨损。出现这种情况后，应检查磨损严重车轮的定位情况、独立悬挂弹簧和减振器的工作情况，同时应缩短车轮换位周期。

⑥ 轮胎出现斑秃形磨损 在轮胎的个别部位出现斑秃性严重磨损的原因是轮胎平衡性差。当不平衡的车轮高速转动时，个别部位受力大，磨损加快，同时转向困难，操纵性能变差。若在行驶中发现某一个特定速度方向有轻微抖动时，就应该对车轮进行平衡，以防出现斑秃形磨损。

思考与练习

1. 汽车 5000 公里维护的项目有哪些？

（1）通过查阅资料请列举汽车维护的必要性是什么？
（2）你怎样满足客户对汽车维护的要求？
（3）请分析维护质量对汽车维修企业的影响？
2. 在汽车维护过程中，怎样满足劳动保护、环保及安全要求？
3. 发动机机油及润滑系的特点。
（1）陈述发动机润滑油油压建立过程及防止油压过高的措施。
（2）发动机 PCV 阀堵塞对润滑系有什么影响？
（3）陈述发动机润滑油应满足什么要求，才能保证发动机有良好的动力性、经济性和使用寿命？
4. 发动机冷却系统的结构特点及工作原理。
（1）陈述发动机冷却系各种冷却方式、功能、冷却系的部件名称及水路。
（2）通常发动机采用哪些方法来调节冷却强度？
5. 汽车灯光、信号、仪表、雨刮器、车窗、中控及防盗系统的结构特点及功能特征是什么？
（1）灯光、信号的控制特点及功能特征是什么？
（2）仪表及报警的控制特点及功能特征是什么？
（3）刮水器、洗涤器系统的控制特点及功能特征是什么？
（4）汽车车窗控制系统的功能及结构是什么？
（5）中控及防盗系统的控制特点及功能特征是什么？
6. 常用汽车发动机皮带的种类有哪些？各有什么特点？
7. 轮胎的种类及特点。
（1）常用汽车轮胎的种类有哪些？各有什么特点？
（2）汽车轮胎气压过高过低对油耗和轮胎寿命有何影响？
8. 空气滤清器结构特点。
（1）查阅资料明确丰田花冠空气滤清器的结构、功能。
（2）常用空气滤清器的种类有哪些？各有什么特点？
9. 根据 5000km 维护工单和已有的知识技能，制订本小组学习工作计划。
（1）怎样保证工作安全？
（2）工作操作流程（从准备到完成的工作流程）有哪些？
（3）怎样满足环保要求（涉及哪些环保要求，如何达到相关标准）？
（4）保证工作质量的措施有哪些？

项目3

汽车20000公里维护

情境描述

20000km维护项目涉及的内容不尽相同，它随车型、车况、客户的性格特征等情况而变。春节期间，车主梁先生到市郊办事，随后驱车返回市区。可是当他转动车钥匙打火时，却无法启动发动机，但是按喇叭和电动窗都正常，就是不能启动发动机。后来，梁先生致电4S店，获知是蓄电池电力不足，于是借了别人的车子"搭电"，终于启动了爱车。后来，梁先生将车开到维修店更换了新电池，才摆脱了"没电"的尴尬。而在长假期间，梁先生的几位车主朋友也先后反映遭遇相同情况。究竟是巧合，还是事出必然？

学习目标

1. 能自觉遵守执行丰田企业的操作规范和规章制度，满足客户要求，在教师的指导下完成丰田花冠轿车20000km维护，也能通过查阅通用凯越轿车的维修资料和实车观察陈述两种车型20000km维护的内容和方法。

2. 能与客户就车辆技术状况进行有效沟通，初步评定客户车辆的技术状况。

3. 能严格按照丰田企业的车辆维护工作安全规范、规章、环保及技术要求来制定维护工作计划。

4. 能正确及较熟练地使用专用工具和设备。

5. 能查阅维修手册、专业网站等资源解决实际问题。

6. 能与同事间相互协作完成生产任务。

7. 能在生产过程中进行观察、思考、积累和总结。

8. 能在教师指导下按工作计划及安全规范、技术要求进行20000km维护等作业项目。

9. 能遵照相关法律法规完成20000km花冠车辆维护后的质量检验。

10. 能向客户移交车辆并解释已经完成的维护作业内容。

11. 能按照环保要求处理废旧零件、辅料及废弃的油液。

12. 能就相关技术问题进行书面表达。

13. 能自学新技术、新知识。

任务 3.1 蓄电池检查与维护

蓄电池检查与维护

蓄电池是一种可逆直流电源，它是汽车上的两个电源之一，在汽车上与发电机并联，共同向用电设备供电。在发动机正常工作时，用电设备所需的电能主要由发电机供给。

3.1.1 相关知识

（1）蓄电池的作用

① 在发动机启动时，向启动机和点火系统供电。

② 在发电机不发电或电压较低的情况下向用电设备供电。

③ 当发电机超载时，协助发电机供电。

④ 蓄电池存电不足，而发电机负载又较少时，它可将发电机的电能转变为化学能储存起来（即充电）。

⑤ 蓄电池相当于一个大容量电容器，在发电机转速和负载发生比较大的变化时，能够保持汽车电器系统电压的相对稳定。同时，还可吸收发电机产生的瞬间过电压，保护汽车电子元件不被损坏，所以，发电机不允许脱开蓄电池运转。

汽车上所使用的蓄电池主要是为了满足启动发动机的需要，所以，通常称为启动型蓄电池。启动型蓄电池在短时间内可提供强大的启动电流（一般为 200～600A，最大可达 1000A），根据电解液不同，蓄电池有酸性蓄电池和碱性蓄电池之分。铅酸蓄电池结构简单，启动性能好，价格低廉，所以在汽车上广泛采用。本任务主要介绍铅酸电池。

（2）铅蓄电池的构造与型号

① 铅蓄电池的构造　普通铅蓄电池主要由极板、隔板、壳体、电解液、铅连接条、极柱等部分组成。如图 3-1 所示。壳体一般分隔为三个或六个单格，每个单格均盛装有电解液，插入正负极板组便成为单体电池。每个单体电池的标称电压为 2V，将三个或六个单体电池串联后便成为一只 6V 或 12V 蓄电池总成。

a. 正、负极板（图 3-2）　极板分正极板和负极板两种，均由栅架和填充在其上的活性物质构成。蓄电池充、放电过程中，电能和化学能的相互转换就是依靠极板上活性物质和电

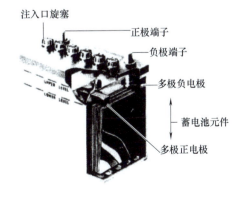

图 3-1　铅蓄电池的构造

图 3-2　正、负极板

解液中硫酸的化学反应来实现的。正极板上的活性物质是二氧化铅（PbO_2），呈深棕色。负极板上的活性物质是海绵状铅（Pb），呈青灰色。

国产负极板的厚度为 1.8mm、正极板的厚度为 2.2mm。国外大多采用薄型极板，厚度为 1.1~1.5mm。薄型极板可以提高蓄电池的体积比能量、重量比能量，改善蓄电池的启动性能。

为增大蓄电池的容量，将多片正、负极板分别并联焊接，组成正、负极板组。横梁上联有极柱，各片间留有空隙。安装时正负极板相互嵌合，中间插入隔板。由于正极板的机械强度差，所以，在每个单体电池中，负极板的数量总比正极板多一片，这样正极板都处于负极板之间，使其两侧放电均匀，不致造成正极板拱曲变形。

b. 隔板　　为了减小蓄电池的内阻和尺寸，蓄电池内部正负极板应尽可能地靠近，但为了避免彼此接触而短路，正负极板之间要用隔板隔开。

c. 壳体　　蓄电池的壳体是用来盛放电解液和极板组的，应由耐酸、耐热、耐震、绝缘性好并且有一机械强度的材料制成。早期生产的启动型蓄电池大都采用硬橡胶壳体，近年来随着工程塑料的迅速发展，大都采用聚丙烯塑料壳体。它与硬橡胶壳体相比，具有较好的韧性，壁薄而轻（壁厚仅 3.5mm，而胶壳壁厚达 10mm 左右），且制作工艺简单，生产效率高，容易热封合，不会带进任何有害杂质，外形美观、透明，成本低。

d. 电解液　　电解液在电能和化学能的转换过程即充电和放电的电化学反应中起离子间的导电作用并参与化学反应。它由相对密度为 1.84 的纯硫酸和蒸馏水按一定比例配制而成，其相对密度一般为 1.24~1.30。配制电解液必须使用耐酸的器皿，切记只能将硫酸慢慢地倒入蒸馏水中并不断搅拌。

电解液的纯度是影响蓄电池的性能和使用寿命的重要因素。因此，电解液的配制应严格选用符合国家标准的二级专用硫酸和蒸馏水。工业用硫酸和一般的水中因含有铁、铜等有害杂质会增加自放电和损坏极板，故不能用于蓄电池。

电解液的密度对蓄电池的工作性能影响很大，密度大，在一定程度上可以提高蓄电池的容量，而且电解液不易结冰。但密度过大，由于电解液黏度增加，渗透性变差，蓄电池的容量下降，而且会降低蓄电池的使用寿命。电解液的密度随地区和气候条件而定，表 3-1 列出了不同地区和气候条件下的电解液密度值。

e. 单体电池的串接方式　　蓄电池一般都由 3 个或 6 个单体电池串联而成，额定电压分别为 6V 或 12V。单体电池的串接方式一般有传统外露式、穿壁式和跨越式三种方式。

表 3-1　不同地区和气候条件下的电解液密度值

气候条件	完全充足电的蓄电池在25℃时的电解液相对密度	
	冬　季	夏　季
冬季温度低于 -40℃ 的地区	1.30	1.26
冬季温度在 -40℃ 以上的地区	1.28	1.24
冬季温度在 -30℃ 以上的地区	1.27	1.24
冬季温度在 -20℃ 以上的地区	1.26	1.23
冬季温度在 0℃ 以上的地区	1.23	1.23

早期的蓄电池大多采用传统外露式铅连接方式。这种连接方式工艺简单，但耗铅量多，连接电阻大，因而启动时电压降大、功率损耗也大，且易造成短路。新型蓄电池则采用先进的穿壁式或跨越式连接方式。穿壁式连接方式是在相邻单体电池之间的间壁上打孔供连接条

穿过,将两个单体电池的极板组极柱连焊在一起。跨越式连接在相邻单体电池之间的间壁上边留有豁口,连接条通过豁口跨越间壁将两个单体电池的极板组极柱相连接,所有连接条均布置在整体盖的下面。穿壁式和跨越式连接方式与传统外露式铅连接条连接方式相比,有连接距离短、节约材料、电阻小、启动性能好等优点,且连接条损耗减少80%,端电压提高0.15~0.4V,节约材料50%以上,因而得到广泛的应用。

② 蓄电池的规格型号　蓄电池的型号按我国标准 JB/T 2599—2012《铅酸蓄电池名称、型号编制与命名办法》规定,其产品型号的编制和含义如下:

a. 串联的单体电池数用阿拉伯数字表示。

b. 蓄电池类型是根据其主要用途来划分的。如启动用蓄电池代号为"Q",摩托车用蓄电池代号为"M"。

c. 蓄电池特征为附加部分,仅在同类用途的产品中具有某种特征而在型号中又必须加以区别时采用。当产品同时具有两种特征时,原则上应按表 3-2 的顺序将两个代号并列标志。产品特征代号见表 3-2。

表 3-2　产品特征代号

特征代号	蓄电池特征	特征代号	蓄电池特征	特征代号	蓄电池特征
A	干荷电	J	胶体电解液	D	带液式
H	湿荷电	M	密闭式	Y	液密式
W	免维护	B	半密闭式	Q	气密式
S	少维护	F	防酸式	I	激活式

d. 额定容量是指 20h 率额定容量,单位为 A·h,用阿拉伯数字表示。

e. 在产品具有某些特殊性能时,可用相应的代号加在产品型号的末尾。如 G 表示薄型极板的高启动率电池,S 表示采用工程塑料外壳、电池盖及热封工艺的蓄电池。

例如:

3-Q-75:由 3 个单体电池组成,额定电压为 6V,额定容量为 75A·h 的启动用蓄电池。

6-QA-105G:由 6 个单体电池组成,额定电压 12V,额定容量为 105A·h 的启动用干荷电高启动率蓄电池。

6-QAW-100:6 个单体电池组成,额定电压 12V,额定容量为 100A·h 的启动用干荷电免维护蓄电池。

国产橡胶槽上固定式启动用铅蓄电池的产品规格见表 3-3。

表 3-3　国产橡胶槽上固定式启动用铅蓄电池的产品规格

车型	铅蓄电池			车型	铅蓄电池		
	型号	额定电压/V	额定容量/A·h		型号	额定电压/V	额定容量/A·h
红旗 CA722AE	6-QA-63S	12	63	富康	L.250A-12V	12	42 或 50
奥迪 100	6-QAS-63	12	63	北京切诺基	58-390 或 58-475	12	60 或 75
桑塔纳 2000	6-QAW-54	12	54	天津夏利	6-QA-40S	12	40

续表

车型	铅蓄电池			车型	铅蓄电池		
	型号	额定电压/V	额定容量/A·h		型号	额定电压/V	额定容量/A·h
解放 CA1091	6-QAW-100	12	100	江西五十铃 NHR54		12	80
东风 EQ1090	6-QA-105D	12	105	江西五十铃 APR59		12·2	60·2
南京依维柯 35.10		12	110				

（3）蓄电池的工作原理及特性

① 蓄电池的工作原理　蓄电池由浸渍在电解液中的正极板（二氧化铅 PbO_2）和负极板（海绵状纯铅 Pb）组成，电解液是硫酸（H_2SO_4）的水溶液。当蓄电池和负载接通放电时，正极板上的 PbO_2 和负极板上的 Pb 都变成 $PbSO_4$，电解液中的 H_2SO_4 减少，相对密度下降。

充电时按相反的方向变化，正负极板上的 $PbSO_4$ 分别恢复成原来的 PbO_2 和 Pb，电解液中的硫酸增加，相对密度变大。如略去中间的化学反应过程可用下式表示：

$$PbO_2 + Pb + 2H_2SO_4 \Longleftrightarrow 2PbSO_4 + 2H_2O$$

a. 电势的建立　当极板浸入电解液时，在负极板处，金属铅受到两方面的作用，一方面它有溶解于电解液的倾向，因而有少量铅进入溶液，生成 Pb^{2+}，在极板上留下两个电子 $2e$，使极板带负电；另一方面，由于正、负电荷的吸引，Pb^{2+} 有沉附于极板表面的倾向。当两者达到平衡时，溶解便停止，此时极板具有负电位，约为 $-0.1V$。

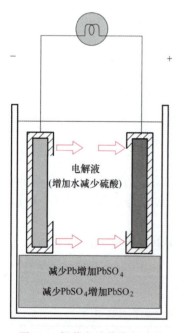

图 3-3　铅蓄电池的放电过程

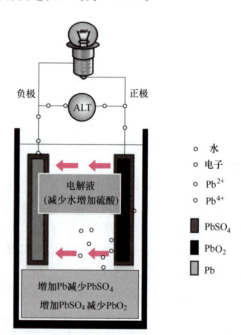

图 3-4　铅蓄电池的充电过程

正极板处，少量 PbO_2 溶入电解液，与水生成 $Pb(OH)_4$，再分离成四价铅离子和氢氧根离子。即：

$$PbO_2 + 2H_2O \longrightarrow Pb(OH)_4$$
$$Pb(OH)_4 \longrightarrow Pb^{4+} + 4OH^-$$

由于Pb^{4+}沉附于极板的倾向大于溶解的倾向,因而沉附在正极板上,使极板呈正电位。当达到平衡时,约为$+2.0V$。

因此,当外电路未接通,反应达到相对平衡状态时,蓄电池的静止电动势约为:
$$E_0 = 2.0 - (-0.1) = 2.1 (V)$$

b. 铅蓄电池的放电 当蓄电池接上负载后,在电动势的作用下,电流从正极经过负载流往负极(即电子从负极到正极),使正极电位降低,负极电位升高,破坏了原有的平衡。放电时的化学反应过程,如图3-3所示。

在正极板处,Pb^{4+}和电子结合,变成二价铅离子Pb^{2+},Pb^{2+}与电解液中的SO_4^{2-}结合生成$PbSO_4$沉附于极板上。即:
$$Pb^{4+} + 2e \longrightarrow Pb^{2+}$$
$$Pb^{2+} + SO_4^{2-} \longrightarrow PbSO_4$$

在负极板处,Pb^{2+}与电解液中SO_4^{2-}的结合也生成$PbSO_4$沉附在负极板上,而极板上的金属铅继续溶解,生成Pb^{2+}和电子。如果电路不中断,上述化学反应将继续进行,使正极板上的PbO_2和负极板上的Pb都逐渐转变为$PbSO_4$,电解液中的$PbSO_4$逐渐减少而水增多,故电解液相对密度下降。

理论上,放电过程应进行到极板上的活性物质全部变为硫酸铅为止,而实际上是不可能的,因为电解液不能渗透到活性物质的最内层。使用中,所谓放完电的蓄电池,实际上只有20%~30%的活性物质变成了硫酸铅,因此采用薄型极板,增加多空率,提高极板活性物质的利用率,可提高蓄电池的容量,也是蓄电池工业的发展方向。

c. 铅蓄电池的充电 充电时,应将蓄电池接直流电源。当电源电压高于蓄电池电动势时,在直流电源电压作用下,电流从蓄电池正极流入,负极流出(即驱使电子从正极经外电路流入负极)。这时正负极板发生的反应正好与放电过程相反,其化学反应过程如图3-4所示。

在负极板处有少量的$PbSO_4$进入电解液中,离解为Pb^{2+}和SO_4^{2-},即$PbSO_4 \longrightarrow Pb^{2+} + SO_4^{2-}$,$Pb^{2+}$在电源的作用下获得两个电子变为金属$Pb$,沉附在极板上。而$SO_4^{2-}$则与电解液中的$H^+$结合,生成硫酸。即:
$$Pb^{2+} + 2e \longrightarrow Pb$$
$$SO_4^{2-} + 2H^+ \longrightarrow H_2SO_4$$

负极板上总的反应式为:
$$PbSO_4 + 2e + 2H^+ \longrightarrow Pb + H_2SO_4$$

正极板处,也有少量$PbSO_4$进入电解液中,离解为Pb^{2+}和SO_4^{2-},Pb^{2+}在电源作用下失去两个电子变为Pb^{4+},它又和电解液中水离解出来的OH^-结合,生成$Pb(OH)_4$,$Pb(OH)_4$又分解为PbO_2和H_2O,而SO_4^{2-}又与电解液中的H^+结合生成硫酸。
$$2SO_4^{2-} + 4H^+ \longrightarrow 2H_2SO_4$$

其反应式如下:
$$PbSO_4 \longrightarrow Pb^{2+} + SO_4^{2-}$$
$$Pb^{2+} - 2e \longrightarrow Pb^{4+}$$
$$4H_2O \longrightarrow 4H^+ + 4OH$$
$$Pb^{4+} + 4OH^- \longrightarrow Pb(OH)_4$$

$$Pb(OH)_4 \longrightarrow PbO_2 + 2H_2O$$

正极板上的总反应为：

$$PbSO_4 - 2e + 2H_2O + SO_4^{2-} \longrightarrow PbO_2 + 2H_2SO_4$$

可见，在充电过程中，正负极板上的 $PbSO_4$ 将逐渐恢复为 PbO_2 和 Pb，电解液中硫酸成分逐渐增多，水逐渐减少。

充电终期，密度将升到最大值，且会引起水的分解，水分解的化学反应式如下：

$$2H_2SO_4 \longrightarrow 4H^+ + 2SO_4^{2-}$$

负极上：

$$4H^+ + 4e \longrightarrow 2H_2 \uparrow$$

正极上：

$$2SO_4^{2-} - 4e + 2H_2O \longrightarrow 2H_2SO_4 + O_2 \uparrow$$

总反应为：

$$2H_2SO_4 + 2H_2O \longrightarrow 2H_2SO_4 + 2H_2 \uparrow + O_2 \uparrow$$

由上式可见，实际上分解的是水：

$$2H_2O \longrightarrow 2H_2 \uparrow + O_2 \uparrow$$

② 蓄电池的工作特性　蓄电池的工作特性主要包括蓄电池的电动势、内阻以及充、放电特性。

a. 静止电动势　静止电动势是指蓄电池在静止状态（不充电也不放电）正负极板之间的电位差（即开路电压），用 E_0 表示。它的大小与电解液的相对密度和温度有关，在相对密度为 1.050～1.300 的范围内，可由下述经验公式计算其近似值：

$$E_0 = 0.85 + \rho_{25℃}$$

式中，$\rho_{25℃}$ 为 25℃的电解液相对密度。

实测所得电解液相对密度应按下式换算成 25℃时的相对密度：

$$\rho_{25℃} = \rho_t + \beta(t - 25)$$

式中　ρ_t——实际测得的电解液密度；

　　　t——实际测得的电解液温度；

　　　β——密度温度系数，$\beta = 0.00075$，即每温升 1℃，相对密度将下降 0.00075。

汽车用蓄电池的电解液相对密度在充电时增高，放电时下降，一般在 1.12～1.30 波动，因此，蓄电池的静止电动势也相应地变化为 1.97～2.15V。

b. 内电阻　蓄电池的内电阻大小反映了蓄电池带负载的能力。在相同的条件下，内电阻越小，输出电流越大，带负载能力越强。蓄电池的内电阻为极板电阻、电解液电阻、隔板电阻、连接条和极柱电阻的总和，用 R_0 表示。

极板电阻一般很小，并且随极板上的活性物质的变化而变化。充电后电阻变小，放电后电阻变大，特别是在放电终了，由于有效活性物质转变为硫酸铅，则电阻大大增加。

隔板电阻因所用的材料而异。木质隔板比微孔橡胶隔板、微孔塑料隔板的电阻大。另外，隔板越薄，电阻越小。

相对密度为 1.2 时（15℃），硫酸的离解度最好，黏度较小，电阻也最小。

连接条电阻与单体电池的连接形式有关。传统外露式铅连接条电阻比内部穿壁式、跨越式连接的电阻要大。

一般来说，启动型铅蓄电池的内电阻是很小的（单体电池的内电阻约为 0.011Ω），在小负荷工作时对蓄电池的电力输出影响很小，但在大电流放电时（如启动发动机时），如内阻过大，则会引起端电压大幅度下降而影响启动性能。

完全充足电的蓄电池在温度为20℃时内阻R_0可按下述经验公式计算其近似值

$$R_0 = \frac{U_0}{17.1C_{20}}$$

式中　U_0——蓄电池额定电压，V；

　　　C_{20}——蓄电池额定容量，A·h。

c. 充电特性　蓄电池的充电特性是指在恒流充电过程中，蓄电池的端电压U_c和电解液密度ρ等参数随充电时间变化的规律。以一定的充电电流I_c向一只完全放电的蓄电池进行充电，在充电过程中，每隔一定时间测量其单体电池的端电压U_c、电解液密度ρ和温度，便可得到该蓄电池充电时电源电压必须克服蓄电池的电动势E和蓄电池内阻产生的电压降I_cR_0，因此，充电过程中蓄电池的端电压总是大于蓄电池的电动势E，即

$$U_c = E + I_c R_0$$

在充电开始后蓄电池的端电压U_c便迅速上升，这是因为充电时活性物质和电解液的作用首先是在极板的孔隙中进行的，生成的硫酸使孔隙内的电解液相对密度迅速增大所致。

当在实际充电中，为了保证将蓄电池充足，往往需要2～3h的过充电才行。

全部充电过程中，极板孔隙内的电解液密度比容器中的电解液相对密度稍大一些。因此，蓄电池的电动势E总是高于静止电动势E_0。充电停止后，由于$I_c=0$，端电压U_c立即下降，极板孔隙内电解液和容器中的电解液密度趋向平衡，因而蓄电池的端电压又降至2.1V左右。

蓄电池充电终了的特征是：蓄电池内产生大量气泡，呈"沸腾"状；端电压和电解液相对密度均上升至最大值，且2～3h内不再增加。

d. 放电特性　蓄电池的放电特性是指在恒流放电过程中，蓄电池的端电压U_f和电解液相对密度ρ等参数随时间而变化的规律。将一只完全充足电的蓄电池以20h放电率的电流进行恒流放电，在放电过程中，每隔一定时间测量其单体电池的端电压U_f和电解液相对密度ρ，便可得到该蓄电池的放电特性曲线。

由于放电过程中电流是恒定的，单位时间内所消耗的硫酸量相同，所以，电解液的相对密度沿直线下降，相对密度每下降0.03～0.038，则蓄电池约放电25%。

放电过程中，由于蓄电池内阻R_0上有压降，所以，蓄电池的端电压总是小于其电动势，即

$$U_f = E - I_f R_0$$

式中　U_f——放电时蓄电池的端电压；

　　　E——放电时蓄电池的电动势；

　　　I_f——放电电流；

　　　R_0——蓄电池的内阻。

随着放电程度的增加，电解液相对密度不断下降，电动势E也下降，同时内阻R_0增加，故端电压U_f将逐渐下降。放电时由于孔隙内的电解液密度小于外部电解液密度，因此放电时的电动势E总是小于静止电动势E_0。

放电开始时，其端电压从2.1V迅速下降，这是由于极板孔隙中的硫酸迅速消耗，密度降低的缘故。这时容器中的电解液便向极板孔隙内渗透，当渗入的新电解液完全补偿了因放

电时化学反应而消耗的硫酸量时,端电压将随整个容器内电解液相对密度的降低而缓慢地下降,到 1.95V。接着电压又迅速下降至 1.75V,此时应停止放电,如继续放电,电压将急剧下降。这是由于放电接近终了时,化学反应深入到极板的内层,而放电时生成的硫酸铅较原来活性物质的体积为大(是海绵状铅的 2.68 倍,是二氧化铅的 1.86 倍),硫酸铅聚积在极板孔隙内,缩小了孔隙的截面积,使电解液的渗入困难,因而极板孔隙内消耗掉的硫酸难以得到补充,孔隙内的电解液相对密度便迅速下降,端电压也随之急剧下降。

当端电压降至一定值时(20h 放电率降至 1.75V)再继续放电即为过度放电。过度放电对蓄电池是有害的,因为孔隙中生成的粗结晶硫酸铅,充电时不易还原,而使极板硫化,容量下降。

停止放电后,由于极板孔隙中的电解液和容器中的电解液相互渗透,趋于平衡,蓄电池的端电压将有所回升。

蓄电池放电终了的特征是:电解液相对密度下降到最小许可值(约 1.1);单体电池的端电压降至放电终止电压(以 20h 放电率放电,单格电压降至 1.75V;10h 放电率放电,单格电压降至 1.7V)。

容许的放电终止电压与放电电流强度有关,放电电流越大,则放完电的时间越短,而容许的放电终止电压越低。

(4) 蓄电池容量及其影响因素

① 蓄电池容量　蓄电池的容量是指在规定的放电条件下,完全充足电的蓄电池所能放出的电量,用 "C" 表示。蓄电池的容量是标志蓄电池对外放电能力、衡量蓄电池质量的优劣以及选用蓄电池的最重要指标。

蓄电池的容量采用 A·h(安·时)来计量。即容量等于放电电流与持续放电时间的乘积,用下式表示:

$$C = I_f t_f$$

式中　C——蓄电池容量,A·h;
　　　I_f——放电电流,A;
　　　t_f——放电持续时间,h。

蓄电池的容量与放电电流、放电持续时间及电解液温度有关。因此,蓄电池出厂时规定的额定容量是在一定的放电电流、一定的终止电压和一定的电解液温度下取得的。

a. 额定容量　额定容量是指完全充电的蓄电池,在电解液温度为 (25±5)℃,相对密度为 (1.28±0.01)g/cm³ 时,以 20h 放电率的放电电流连续放电到 12V 蓄电池端电压降到 10.50V±0.05V,6V 蓄电池端电压降到 5.25V±0.02V 时所输出的电量,用 C_{20} 表示,单位是 A·h。

例如,6-Q-105 型蓄电池,在电解液平均温度为 25℃ 时,以 5.25A 的电流连续放电 20h 后,端电压降至 10.50V,其 20h 率额定容量则为:$C_{20} = 5.25 \times 20 = 105$ A·h。

b. 储备容量　国际蓄电池协会和美国汽车工程师协会(SAE)规定了另外一种蓄电池容量表示法,即储备容量表示法,我国标准也对储备容量的定义和试验方法做了有关规定。

蓄电池的额定储备容量是指完全充足电的蓄电池,在电解液温度为 25℃±2℃ 时,以 25A 电流放电至 12V 蓄电池端电压达 10.50V±0.05V;6V 蓄电池端电压达 5.25V±0.02V 时,放电所持续的时间,单位为 min(分钟)。它说明当汽车充电系统失效时,汽车尚能持续提供 25A 电流的能力。

例如，北京切诺基 BJ/XJ213 型越野车原装蓄电池 58-390 型或 58-475 型，其储备容量分别为 75min 和 82min。

② 影响蓄电池容量的主要因素　蓄电池的容量与很多因素有关，归纳起来可分为两类：一类是与生产工艺及产品结构有关的因素，如活性物质的数量、极板的厚薄、活性物质的孔率等；另一类是使用条件，如放电电流、电解液温度和电解液相对密度等。

a. 产品结构因素

ⅰ. 极板上活性物质的数量。要得到 1A·h 的电量，负极板上要有 3.866g 铅，正极板上要有 4.463g 二氧化铅，电解液中要有 3.66g 硫酸。从理论上讲，活性物质越多，则容量应越大。实际上，正负极板上只有大约 55%～60% 的活性物质参加反应，当活性物质的数量确定后，其他因素对容量的影响就是对活性物质的利用率的影响了。极板面积越大，片数越多，则同时和硫酸起化学反应的活性物质就越多，容量就越大。国产蓄电池极板面积已统一，每对极板面的容量为 7.5A·h。所以，极板数量与容量的关系可用下式进行计算：

$$C = 7.5(N-1)$$

式中　C——额定容量，A·h；

　　　N——正负极板的总片数。

ⅱ. 极板的厚度。极板越厚，电解液向极板深处的扩散越困难，活性物质越不易参与反应。因此，减小极板厚度可以提高活性物质的利用率。例如，采用厚度为 1.7mm 的薄型极板，则蓄电池在相同体积的情况下，容量可提高 40% 左右。

ⅲ. 活性物质的孔率。孔率即活性物质的孔隙多少，孔率越大，硫酸溶液扩散渗透越容易，则容量可相应提高。但如果孔率过大，则单位面积活性物质的数量要减少，容量却反而会下降。

ⅳ. 活性物质的真实表面积。活性物质的真实表面积包括活性物质与电解液直接接触的表面积和细孔内的表面积。极板的真实表面积要比极板的几何尺寸计算面积大得多（几百倍），真实表面积大，容量可相应提高。

ⅴ. 极板中心距。极板中心距小，可以减小蓄电池的内电阻，所以，在保证有足够的硫酸量的前提下，缩小极板中心距可以提高蓄电池的容量。

b. 使用条件对蓄电池容量的影响

ⅰ. 放电电流的影响。根据实验，放电电流越大，则电压下降越快，至终止电压的时间越短，因而容量越小。因为大电流放电时，极板表面活性物质的孔隙会很快被生成的硫酸铅所堵塞，使极板内层的活性物质不能参加化学反应，因此，放电电流增大，蓄电池的容量减小。

ⅱ. 电解液温度的影响。温度降低则容量减小，这是由于温度降低时，电解液的黏度增加，渗入极板内部困难；同时电解液电阻也增大，使蓄电池内阻增加，电动势消耗在内阻上的压降增大，蓄电池端电压降低，容量因此减小。

根据国家标准，蓄电池额定容量是指电解液温度为 25℃ 时的 20h 率容量。温度每下降 1℃，缓慢放电时的容量约减少 1%，迅速放电时约减少 2%。不同温度下的容量可用下式换算为 25℃ 时的容量。

$$C_{25℃} = C_t [1 - 0.01(t-25)]$$

式中　$C_{25℃}$——换算为 25℃ 时容量，A·h；

　　　C_t——电解液平均温度为 t 时的实际容量，A·h；

　　　t——放电终止时中间单体电池电解液的温度，℃；

0.01——温度系数。

由于温度对蓄电池放电时的端电压和容量有较大影响，因此，在寒冷地区应特别注意蓄电池的保温。

ⅲ．电解液密度的影响。适当增加电解液的相对密度，可以提高电解液的渗透速度和蓄电池的电动势，并减小内阻，使蓄电池的容量增大。但相对密度超过某一数值时，由于电解液黏度增大使渗透速度降低，内阻和极板硫化增加，又会使蓄电池的容量减小。

3.1.2 任务实施

（1）蓄电池的使用与维护

实践证明，蓄电池的电气性能和使用寿命不仅取决于其本身的产品结构和质量，而且在很大程度上更决定于对蓄电池的使用情况和使用过程中是否对其认真、细致的维护。因此，必须正确使用和做好使用中的维护工作，才能保证蓄电池特性的正常发挥并延长其使用寿命。

① 蓄电池的维护（见图3-5） 为了使蓄电池经常处于完好状态，延长其使用寿命，对使用中的蓄电池需进行下列维护工作。

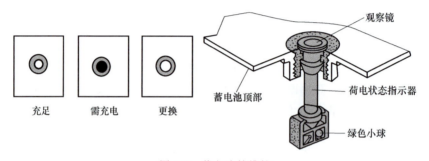

图3-5 蓄电池的维护

a. 观察蓄电池外壳表面有无电解液漏出。

b. 检查蓄电池在车上安装是否牢靠，导线接头与电桩的连接是否紧固。

c. 经常清除蓄电池盖上的灰尘泥土，擦去电池顶上的电液，透通加液孔盖上的气孔，清除包桩和导线接头上的氧化物。

d. 定期检查和调整电解液的相对密度及液面高度。

e. 经常检查蓄电池放电程度，超过规定时立即充电。

② 蓄电池使用中技术状况的检查 为了及时发现蓄电池使用中的各种内在故障，汽车每行驶1000km，或冬季行驶10～15天，夏天行驶5～6天，需对蓄电池进行下列检查。

a. 电解液液面高度的检查 液面高度可用玻璃管测量，如图3-6所示。电解液液面应高出极板10～15mm，电解液不足时应加注蒸馏水。注意：除非确知液面降低是由于电解液溅出所致，否则一般不允许加入硫酸溶液。

电解液的相对密度用吸式密度计测定，先吸入电解液，使密度计浮子浮起，电解液液面所在的刻度即为相对密度值。注意在测量密度时，应同时测量电解液温度，并将测得的电解液相对密度值转换到25℃进行修正，也可换算为25℃时的相对密度值。

根据实际经验，相对密度每减小0.01，相当于蓄电池放电6%，所以从测得的电解液相对密度就可以粗略估算出蓄电池的放电程度。需要注意的是，在强电流放电和加注蒸馏水后，由于电解液混合不匀，不应立即测量电解液相对密度。

b. 用高率放电计测量放电电压　高率放电计是模拟接入启动机负荷，测量蓄电池在大电流（接近启动机启动电流）放电时的端电压。如图3-7所示，用以判断蓄电池的放电程度和启动能力。

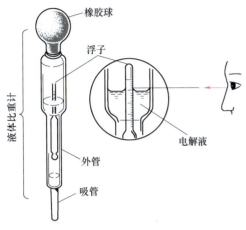

图3-6　用玻璃管测量电解液液面高度

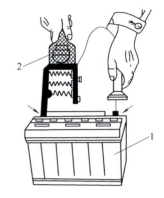

图3-7　高率放电计的工作原理图
1—蓄电池；2—高率放电计

高率放电计由一个3V电压表和一个定值负载电阻组成。测量时应将两叉尖紧压在单体电池的正、负极柱上，历时5s左右，观察大负荷放电情况下蓄电池所能保持的端电压。不同厂牌的放电计，负荷电阻值不同，放电电流和电压表读数也就不同。使用时应参照原厂说明书规定。

一般技术状况良好的蓄电池，用高率放电计测量时，单体蓄电池电压应在1.5V以上，并在5s内保持稳定；如果5s内电压迅速下降，或某一单体电池的电压比其他单体电池低0.1V以上时，表示该单体电池有故障，应进行修理。

c. 用镉电极判断蓄电池正、负极板的状况　用镉电极作为辅助电极测量在充、放电过程中正负极板组的电位，从其电位的变化，可以判断极板组的质量状况，从而进一步分析容量减少和故障发生的原因。

镉电极由纯镉制成，上端接一铜接线柱，下端装在硬橡胶套内以防测量时与电池的正负极相碰，但电解液能自由地接触镉电极。

测量镉电极所使用的电压表必须是高电阻的（大于1000Ω/V），这样可以避免因极化作用而产生较大的误差，一般可采用数字式电压表或数字万用表即可。电压表刻度为$-3V\sim0\sim3V$或$0\sim3V$。

测量中，测蓄电池正极时镉电极为负，测负极时镉电极为正。连接好后，将镉电极由加液孔伸入蓄电池内的电解液中，便可读出镉电极与正负极板组之间的电位差。

正常蓄电池在充电状态下，正极镍电压为2.4V，负极镉电压为-0.25V，其代数差为2.65V；放电状态时，正极镍电压为2.0V，负极镉电压为-0.20V，其代数和为1.80V。如一只蓄电池放电到末期，正极镉电压小于1.96V，可判定为正极不良，放电末期负极大于-0.20V时，可判定为负极不良。

③ 电解液相对密度的选择和配制

a. 电解液相对密度的选择　电解液的相对密度对蓄电池的工作有很大的影响，相对密度增大，电解液冰点降低，冰冻的危险减小，并可提高蓄电池的容量。但相对密度过大时，由于电解液黏度增大，渗透困难，蓄电池容量反而降低，并且相对密度过大又会使木隔板加速炭化，极板也易于硫化，从而使蓄电池寿命大为缩短。因此，应根据不同的使用条件，选择不同的电解液相对密度。寒冷地区应使用相对密度较高的电解液，同一地区使用中的蓄电池，冬季的电解液相对密度应较夏季高 0.02～0.04。新蓄电池一般应按照制造厂的相关规定，加注相对密度为 1.25～1.285 的电解液。

b. 电解液的配制　配制电解液时应用符合国家标准规定的浓硫酸和国家标准的规定用水，按一定的体积或重量比配制。由于电解液相对密度随温度变化而变化，故应换算成 25℃标准温度时的相对密度。

配制电解液的注意事项：

ⅰ. 配制电解液应用耐酸的玻璃、陶瓷、硬橡胶或铅质的容器。

ⅱ. 配制时须先将水放入容器，然后将硫酸徐徐加入水中，并不断地用玻璃棒或塑料棒搅拌。绝对禁止将蒸馏水倒入浓硫酸中，以免发生爆溅，伤害人体和设备。

ⅲ. 配制电解液时，操作人员必须佩戴防护眼镜、橡胶手套、塑料围裙、高筒胶鞋，以防烧伤。

配制电解液时因硫酸稀释发热，使电解液温度升高，因此配制好的电解液需待冷却至 35℃以下，才能注入蓄电池内。

④ 冬季使用特点　冬季使用蓄电池，应特别注意经常保持蓄电池电量处于充足状态，以防电解液相对密度降低而结冰，甚至容器破裂、极板弯曲和活性物质脱落等故障。

在冬季应按规定加入相对密度为 1.4 的电解液进行调整。进入夏季前应吸出少许电解液加入蒸馏水进行调整。

注意冬季加水时，只能在发动机运转、发电机向蓄电池充电时进行。这样可使水较快地和电解液混合，减少电解液结冰的危险性。

由于冬季电池容量降低，因此冷发动机启动时应进行预热，每次接通启动机的时间不得超过 3～5s，再次启动时，应在休息 5～6s 以后进行。

(2) 蓄电池的充电

根据充电目的的不同，蓄电池的充电作业可分为初充电、补充充电、去硫充电等。

① 初充电　新蓄电池或修复后的蓄电池在使用之前的首次充电称为初充电，其目的在于恢复蓄电池在存放期间，极板上部分活性物质缓慢硫化和自放电而失去的电量。故初充电恰当与否，对蓄电池的使用性能极为重要。初充电的特点是充电电流小、充电时间长，电化学反应充分。初充电的程序如下。

首先按蓄电池制造厂的规定，加注一定相对密度的电解液（一般为 1.25～1.285）。电解液加入蓄电池之前温度不得超过 30℃，注入电解液后应静置 3～6h，待温度低于 35℃才能充电。此时若液面因电液渗入极板而低落，应补充到高出极板上缘 10～15mm。然后将蓄电池的正极与充电机的正极相接，蓄电池的负极接充电机的负极。因为新蓄电池在储存中可能有一部分硫化，充电时易于过热，所以初充电一般应选用较小的电流。充电过程通常分两个阶段：第一阶段的充电电流约为额定容量的 1/15，充电至电解液中放出气泡，单体电池端电压达 2.4V 为止；第二阶段将充电电流减半，继续充电到电解液剧烈放出气泡（沸腾），相对密度和电压连续 3h 稳定不变为止。全部充电时间约为 60～70h。

充电过程中应经常测量电解液温度。若温度上升到 40℃，应将电流减半；如继续上升到45℃，应立即停止充电，并采用人工冷却，待冷却至35℃以下时再充。充电过程中如减少充电电流则应适当延长充电时间。

初充电临近完毕时，应测量电解液的相对密度，如不符合规定，应用蒸馏水或相对密度为1.40的电解液进行调整。调整后，应再充电2h，如相对密度仍不符合规定，应再调整并充电2h，直至符合规定为止，然后将加液孔塞拧上，把电池表面擦干净，即可使用。

对部分更换极板的蓄电池，修复后初充电时，应灌入较规定相对密度低0.03～0.06的电解液，并按新电池规定的初充电电流值的50%～80%进行充电。对于新蓄电池的初充电作业，应进行一至三次充、放电循环，目的是检查它的容量是否达到额定容量，并促使极板上未转化的物质转变为活性物质，以提高蓄电池的容量功能。方法是新蓄电池初充电后，用20h率电流放电至单体电池电压降为1.75V，测量蓄电池容量是否达到额定容量，如容量低于额定容量的90%，应再进行一次充放电循环直到容量达到额定容量的90%以上为止。

② 补充充电　蓄电池在车辆上使用时，常有充电不足的现象，尤其是短途运输车辆，应根据需要进行补充。一般每月一次，如有下列现象发生，必须随时进行补充充电：

a. 电解液相对密度下降到1.15以下时；

b. 冬季放电超过25%，夏季放电超过50%；

c. 灯光暗淡、启动机运转无力，表明电力不足时。

另外，蓄电池放置时间超过一个月时，也应进行补充充电；在大量补充蒸馏水后也应进行补充充电。

③ 去硫充电　当极板硫化较严重时，可进行"去硫充电"。方法是先倒出电池内的电解液，用蒸馏水反复冲洗数次，然后灌入蒸馏水至高出极板10～15mm，用初充电电流进行充电，并随时测量相对密度。如相对密度升到1.15以上时，可用蒸馏水冲淡，继续充至相对密度不再上升后进行放电。如此反复多次，或充6h，中间停2h，反复进行至6h相对密度不变为止，最后参照初充电方法充电并调整相对密度至规定值，用20h放电率放电检查容量，如容量达到额定容量的80%时，说明硫化已基本消除，即可使用。

3.1.3　拓展与延伸

（1）锂离子电池工作原理（见图3-8）

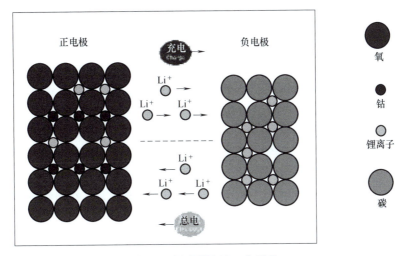

图3-8　锂离子电池工作原理

锂离子电池正极一般采用钴酸锂、镍钴锰锂、磷酸铁锂，负极为石墨，电解液为锂盐＋有机溶剂［锂盐如高氯酸锂（$LiClO_4$）、六氟磷酸锂（$LiPF_6$）、四氟硼酸锂（$LiBF_4$）等，有机溶剂如乙醚、乙烯碳酸酯、丙烯碳酸酯、二乙基碳酸酯等］，外壳采用铝塑膜包装。充电时锂离子从层状正极氧化物的晶格间脱出，通过有机电解液迁移到层状负极表面后嵌入到石墨材料晶格中，同时剩余电子从外电路到达负极。放电则相反，锂离子从石墨晶格中脱出回到正极氧化物晶格中。在正常充放电情况下，锂离子在层状结构的石墨和氧化物间的嵌入和脱出一般只引起层间距的变化，而不会引起晶体结构的破坏，伴随充放电进行，正负极材料的化学结构基本不发生变化，因此从充放电反应的可逆性来讲，锂离子电池是一种理想的可逆电池。锂离子进入电极过程叫嵌入，从电极中出来的过程叫脱出，在充放电时锂离子在电池正负极中往返的嵌入-脱出，正像摇椅子一样在正负极中摇来摇去，因此有人将锂离子电池形象地称为"摇椅电池"。

（2）锂离子电池保护电路

① 所有的电池在充电或放电（即电能与化学能相互转换）过程中，对接受或释放电荷的能力是有一定限度的，电池本身并不能主动阻止电荷流进或流出。所有种类的电池都会有这样的问题，不仅是锂电池，只不过是人们在设计各种电池时，采取的方式不同。在充电过程中，电池接受电荷使自身产生化学能，当自身内部的化学能量全部转变完毕后，如果外部电能还源源不断地输进来，这就需要电池将过剩的能量转变为其他能量释放出来或切断外部能量的继续输入。

各种类型电池的不同处理方式如下。

a. 铅酸电池。产品设计中有泄气阀装置，当过充电时，多余的能量可以转变为热能，由水蒸气通过泄气阀释放，这样，一定程度上的电池过充失衡的问题就在电池的内部解决了。

b. 镍基电池。产品设计中引入：负极过量以产生镉氧循环效应；半密封泄气装置，使电池既能密封使用，又能达到过充释放气体的功能，一定程度上的电池过充失衡的问题也能在电池的内部解决了。

c. 锂离子电池。产品的全密封结构决定了解决预防过充的功能只能设在外部电池中。如果过度充电将把太多的锂离子硬塞进负极炭结构里去，而使得其中一些锂离子再也无法释放出来，这也是锂离子电池为什么通常配有充放电的控制保护电路。同样，在放电过程中，电池通过释放化学能产生电能，当自身内部的化学能量全部转变完毕后，如果电池继续被过度放电，负极片的铜箔在电压的驱使下会以离子的形式附着到正极片上，正极片表面将会出现微红色的紫铜，将对锂离子电池的正负极造成永久的损坏，从分子层面看，可以直观地理解，过度放电将导致负极炭过度释出锂离子而使得其片层结构出现塌陷，造成电池失效。

② 单体锂电池的保护方案。根据锂离子电池的化学特性，在正常使用过程中，其内部进行电能与化学能相互转化的化学正常反应，但在某些条件下，如对其过充电、过放电和过电流将会导致电池内部发生非正常化学反应，会严重影响电池的性能与使用寿命，并可能产生大量气体，使电池内部压力迅速增大后而导致电池鼓胀而失效，因此所有的锂离子电池都需要一个保护电路，用于对电池的充、放电状态进行有效监测，并在某些条件下关断充、放电回路以防止对电池损坏。

因此保护电路一般包括过充保护、过放保护、过电流保护、温度保护、短路保护、绝缘保护等，来有效地保护电池正常的使用。

（3）锂电池的维护与保养

"锂电池放电放得越尽，电池的损耗就会越大"，艾克朗大学帮助美国太空总署 NASA 研究延长电池寿命的电子工程教授 Tom Hartley 说到，"给电池充电充得越满，电池的损耗也会越大。锂电池最好是处于电量的中间状态，那样的话电池寿命最长。"

首先，过高和过低的电量状态对锂电池的寿命有最不利的影响，而充放电循环次数反而是次要的。其实，大多数售卖电器或电池上标识的可反复充电次数，都是以放电 80% 为基准测试得出的。实验表明，对于一些笔记本电脑的锂电池，经常让电池电压超过标准电压 0.1V，即从 4.1V 上升到 4.2V，那么电池的寿命会减半，再提高 0.1V，则寿命减为原来的 1/3；长期低电量或者无电量的状态则会使电池内部对电子移动的阻力越来越大，于是导致电池容量变小。美国宇航局 NASA 让其哈勃太空望远镜上电池的消耗电量设定在总容量的 10%，以确保电池可以反复充放电 10 万次而不必更新。

其次，温度对锂电池寿命也有较大的影响，冰点以下的环境有可能使锂电池在电子产品打开的瞬间烧毁，而过热的环境则会缩减电池的容量。因此，如果笔记本长期使用外接电源也不将电池取下来，电池就长期处于笔记本排出的高热当中，更主要的是，电池长期处于 100% 的电量状态，很快就会报废。

由以上，我们可以总结出以下几点确保锂电池容量和寿命的注意事项：不需要将锂电池充到满电，更不要将电量使用殆尽。在情况允许的情况下，尽量使电池的电量维持在半满状态附近，充电与放电的幅度越小越好；通用 Chevy Volt 电动车的出厂设计就是强制将电池电量维持在 20%~80%，而苹果笔记本的内置电池可能也是运用了这一方法，让电池的可充放电周期数增加。

任务 3.2　更换汽油滤清器

发动机燃油供给系统由燃油箱、油泵、油滤器、油压调节器及喷油器等组成，如图 3-9 所示。工作时，电动汽油泵源源不断将汽油从汽油箱泵出，经汽油滤清器滤去水分和杂质，压力调节器调压、稳压后，以一定压力将汽油送至喷油器，由 ECU 根据发动机负荷工况按某特定方式，将汽油喷入进气管或气缸内，与空气混合成特定浓度的混合气。

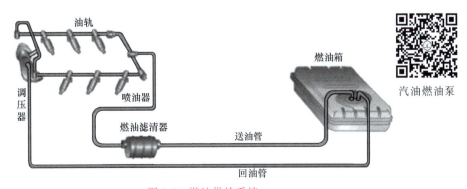

图 3-9　燃油供给系统

3.2.1 相关知识

（1）燃油滤清器的功能

燃油滤清器主要作用是通过滤芯来清除燃油中的小杂质（见图3-10）。

燃油滤清器

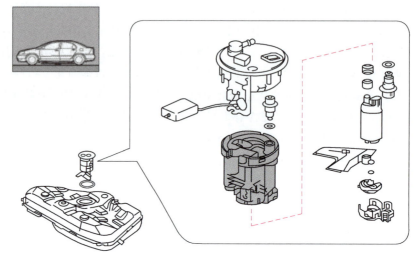

图3-10 燃油滤清器的作用

（2）燃油滤清器更换不及时带来的后果（见图3-11）

滤芯堵塞后，燃油数量减少。然后故障发生，例如高速，需要大量燃油时，功率输出降低。

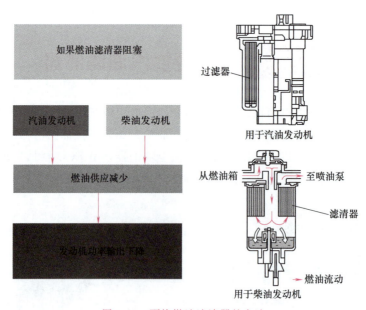

图3-11 更换燃油滤清器的方法

（3）更换间隔不能通过目视来判断是否损坏

汽油机：每40000km或者80000km。

柴油机：每20000km或2年。

如果使用不纯净的燃油，间隔应当减半。

3.2.2 任务实施

为了防止燃油渗漏，需要断开燃油泵的电气连接器，运行发动机，并且在更换燃油滤清器以前放空燃油管线中的燃油。

（1）汽油发动机的燃油滤清器更换步骤（见图3-12）

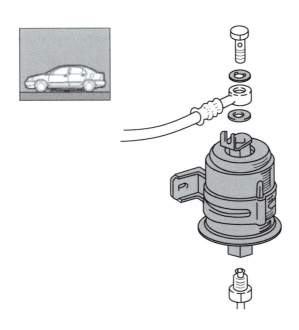

图 3-12　汽油发动机的燃油滤清器

① 从燃油滤清器排放燃油。
② 使用专用维修工具，拆卸燃油滤清器及垫片。
③ 使用专用钳子，拆卸燃油滤清器警告开关及O形环。
④ 在燃油滤清器警告开关上安装一个新的O形环。
⑤ 在燃油滤清器警告开关的O形环上涂上燃油。
⑥ 使用启动泵加注燃油，并且检查燃油渗漏。
⑦ 在新的燃油滤清器的垫片上涂燃油。
⑧ 用手将燃油滤清器安装到燃油滤清器托架上。
⑨ 用手将燃油滤清器警告开关安装在燃油滤清器上。

（2）柴油发动机的纸质滤芯型燃油滤清器更换（见图3-13、图3-14）
① 拆卸燃油滤清器总成。
② 拆卸对中螺栓和燃油滤清器下部主体总成。
③ 从燃油滤清器上部主体拆卸垫片。
④ 从下部主体拆卸2个垫片、滤芯、弹簧片和弹簧。
⑤ 从对中螺栓上拆卸O形环。
⑥ 清洁下部主体以及对中螺栓。

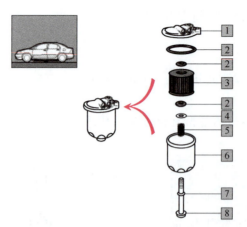

图 3-13　柴油发动机的纸质滤芯型燃油滤清器
1—上部主体；2—垫片；3—滤清器滤芯；4—弹簧片；
5—弹簧；6—下部主体；7—O形环；8—对中螺栓

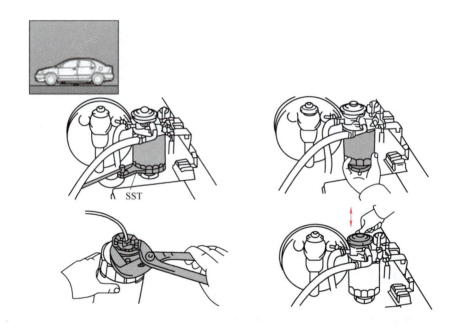

图 3-14　燃油滤清器更换步骤

⑦ 拿一只新的 O 形环、垫片和滤芯，按照和步骤①~步骤⑤相反的顺序重新装配。确保在 O 形环和垫片上涂燃油。

⑧ 通过操作启动泵将空气从燃油滤清器中放掉。

⑨ 启动发动机并检查是否有燃油渗漏。

3.2.3　拓展与延伸

（1）曼牌滤清器

曼牌滤清器属于德国曼胡默尔集团下属品牌之一。曼胡默尔集团在 1941 年成立于德国，至今有 41 家分公司和分支机构分布于全球。集团自成立以来，专注于全球汽车行业、工程机械、工业领域（包括空压机和真空泵等）等过滤设备主机配套和服务。在汽车行业，曼胡默尔的产品包括发动机进排气零部件总成、液体过滤系统、空调滤清器和气缸盖罩以及用于车辆售后服务和维修的滤芯。在通用工程、加工制造领域，曼胡默尔的产品系列包括工业过滤器、降低碳排放系列产品、用于水处理的覆膜过滤器、过滤系统以及材料处理系统和设备。

曼牌滤清器广泛应用在乘用车、商用车、工程机械和工业领域。

汽车市场：空气滤清器，空调滤清器，机油滤清器，燃油滤清器，空气干燥罐，冷却水过滤器，油气分离器，转子滤清器等。

工程机械和工业领域市场：空气滤清器，机油滤清器、燃油滤清器、空调滤清器、油水分滤器、特种滤清器等。

（2）苏菲玛汽车滤清器

上海苏菲玛汽车滤清器有限公司是意大利 UFI 集团于 1996 年在上海成立的全资子公司。拥有先进的空滤、机滤和燃油滤的试验台和十一条最为先进的生产流水线。在国内为一汽红旗、一汽大众、上海通用、沈阳金杯、沈阳航天三菱、湖南长丰、南京依维柯、海南马自达等国内著名汽车制造厂提供 O.E.M 配套服务。

（3）AC 德科

1908 年由许多杰出的汽车零部件厂商合并而成的通用汽车公司，是全球最大的汽车制造商，同时也是全球最大的汽车零部件采购和供应商。从 Remy 电子，到 Delco-Remy，到由火花塞发明者 Albert Champion 自行创立的 AC 火花塞，通用汽车在零部件业务上的启动甚至更早于其整车生产。全球汽车零部件领先品牌。

AC 德科素以提供"全车全系列"的汽车配件产品而著称，通过具有高质量保证的产品，以及受过良好专业培训的 AC 德科技术人员，为不断扩大的保修期过后的汽车零部件和维修市场的消费群体提供世界一流的全车系维修保养及客户服务，2002 年后更是进入了一个迅速拓展阶段。在我们的经销网络中，共有多达 20 多种高质量且价格极具竞争力的产品线，并且适合于中国汽车和路况的零部件在销售。客户可在离其所在位置最近的 AC 德科维修服务中心获得满意的产品和服务。

AC 德科的产品主要包括：蓄电池（包括免维护蓄电池和加水蓄电池）、油品（包括最新的全合成和半合成机油、SM 级引擎机油）、汽车保养化学品、减振器（液压和气压）、刹车盘及无石棉刹车片、滤清器（空气/机油/燃油）、火花塞（白金、标准）、雨刷（包括四季型、加强型雨刷及超级无支架雨刷）、空调压缩机和冷凝器、冷媒、皮带（包括 V 带/多楔带和正时皮带）、水泵、灯泡、离合器从动盘和盖总成、等速万向节、散热器等，同时于近年推出了汽车美容精品，包括汽车防爆隔热膜、高强度气体放电灯等高品质产品。

任务 3.3　制动系统检查与维护

3.3.1　相关知识

（1）制动系统的功用和组成

概括地说，汽车制动系统的功用是使行驶中的汽车按照驾驶员的要求进行强制减速甚至停车；使已停驶的汽车在各种道路条件下（包括在坡道上）稳定驻车；使下坡行驶的汽车速度保持稳定。根据其功能要求，制动系统一般有行车制动和驻车制动两种装置，主要由制动器、制动操纵机构、制动传动机构和制动力的调节机构四部分组成。

（2）制动系统的工作原理

液压制动系统的工作原理

制动系统的工作原理为：非旋转元件和车身或车架相连，旋转元件与车轮或传动轴相连，依靠旋转元件与非旋转元件之间的相互摩擦，来阻止车轮的转动或转动的趋势，并将运动着的汽车的动能转化为摩擦副的热能散到大气中。

图3-15是一种简单的液压制动系统示意图，驾驶员踩下制动踏板，通过推杆推动主缸活塞，使主缸内的油液在一定压力下流入轮缸，并通过两个轮缸活塞推动两制动蹄绕支承销旋转，上端向两边分开而以其摩擦片压紧在制动鼓的内端面上，使制动鼓减小转动速度，或保持不动。

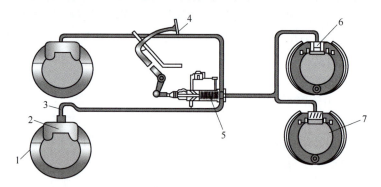

图3-15 液压制动系统的工作原理

1—制动盘；2—制动缸；3—制动油管；4—制动踏板；5—液压主缸；6—轮缸活塞；7—制动蹄

（3）对制动系统的要求

为保证汽车能在安全条件下发挥出高速行驶的能力，制动系统必须具有优良的制动性能、操纵轻便、制动稳定性好、制动平顺性好和散热性好等特点。

（4）制动器

凡利用固定元件与旋转元件的工作表面摩擦而产生制动作用的制动器称为摩擦制动器，摩擦制动器按照摩擦工作表面的不同分为鼓式和盘式制动器。

① 领从蹄式制动器 在制动鼓正向旋转和反向旋转时，都有一个领蹄和一个从蹄的制动器即称为领从蹄式制动器，图3-16所示为其结构示意图。

图3-16中箭头所示为汽车前进时制动鼓的旋转方向，即制动鼓的正向旋转方向。制动轮缸6所施加给制动蹄1的促动力 F_s 使得该制动蹄绕支承点3张开时的旋转方向与制动鼓的旋转方向相同。具有这种属性的制动蹄称为领蹄。与此相反，制动轮缸6所施加给制动蹄2的促

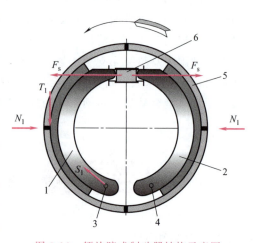

图3-16 领从蹄式制动器结构示意图
1,2—制动蹄；3,4—制动蹄绕支承点
5—制动鼓；6—制动轮缸

动力 F_s 使得该制动蹄绕支承点 4 张开时的旋转方向与制动鼓的旋转方向相反。具有这种属性的制动蹄称为从蹄。当汽车倒驶，即制动鼓反向旋转时，蹄 1 变成从蹄，而蹄 2 则变成领蹄。

制动时两活塞对两个制动蹄所施加的促动力是相等的，凡两蹄所受促动力相等的领从蹄式制动器称为等促动力制动器。制动时，领蹄 1 和从蹄 2 在促动力 F_s 的作用下，分别绕各自的支承点 3 和 4 旋转到紧压在制动鼓 5 上。旋转着的制动鼓即对两制动蹄分别作用着法向反力 N_1 和 N_2，以及相应的切向反力 T_1 和 T_2，两蹄上的这些力分别为各自的支点 3 和 4 的支点反力 S_1 和 S_2 所平衡，领蹄上的切向力 T_1 所造成的绕支点 3 的力矩与促动力 F_s 所造成的绕同一支点的力矩是同向的。所以力 T_1 的作用结果是使领蹄 1 在制动鼓上压得更紧，即力 N_1 变得更大，从而力 T_1 也更大。这表明领蹄具有"增势"作用。与此相反，切向力 T_2 则使从蹄 2 有放松制动鼓的趋势，即有使 N_2 和 T_2 本身减小的趋势。故从蹄具有"减势"作用。

由于领从蹄式制动器的制动鼓所受到的来自两蹄的法向力 N_1 和 N_2 不相平衡，则两蹄法向力之和只能由车轮轮毂轴承的反力来平衡，这就对轮毂轴承造成了附加径向载荷，使其寿命缩短。凡制动鼓所受来自两蹄的法向力不能互相平衡的制动器称为非平衡式制动器。

② 单向双领蹄式制动器　在制动鼓正向旋转时，两蹄均为领蹄的制动器称为双领蹄式制动器，如图 3-17 所示为其结构示意图。

双领蹄式制动器与领从蹄式制动器在结构上主要有两点不相同：一是双领蹄式制动器的两制动蹄各有一个单活塞轮缸，而领从蹄式制动器的两蹄共用一个活塞式轮缸；二是双领蹄式制动器的两套制动蹄、制动轮缸、支承销在制动底板上的布置是中心对称的，而领从蹄式制动器中的制动蹄、制动轮缸、支承销在制动底板上的布置是轴对称布置的，由于固定元件布置都是中心对称的，属于平衡式制动器。

③ 双向双领蹄式制动器　无论是前进制动还是倒车制动，两制动蹄都是领蹄的制动器称为双向双领蹄式制动器，图 3-18 为其结构示意图。

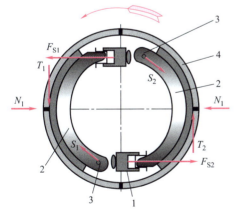

图 3-17　单向双领蹄式制动器结构示意图
1—制动轮缸；2—制动蹄；
3—制动蹄绕支承点；4—制动鼓

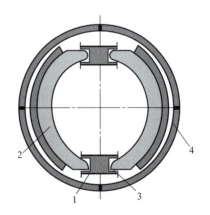

图 3-18　双向双领蹄式制动器结构示意图
1,3—制动轮缸；2—制动蹄；4—制动鼓

与领从蹄式制动器相比，双向双领蹄式制动器在结构上有三个特点：一是采用两个双活塞式制动轮缸；二是两制动蹄的两端采用浮式支承，且支点的周向位置也是浮动的；三是制

动底板上的所有固定元件，如制动蹄、制动轮缸、回位弹簧等都是成对的，而且既按轴对称，又按中心对称布置，属于平衡式制动器。

④ 双从蹄式制动器　前进制动时两制动蹄均为从蹄的制动器称为双从蹄式制动器，图3-19所示为其结构示意图。这种制动器与双领蹄式制动器结构很相似，两者的差异只在于固定元件与旋转元件的相对运动方向不同。虽然双从蹄式制动器前进制动效能低于双领蹄式和领从蹄式制动器，但其效能对摩擦系数变化的敏感程度较小，即具有良好的制动效能稳定性，属于平衡式制动器。

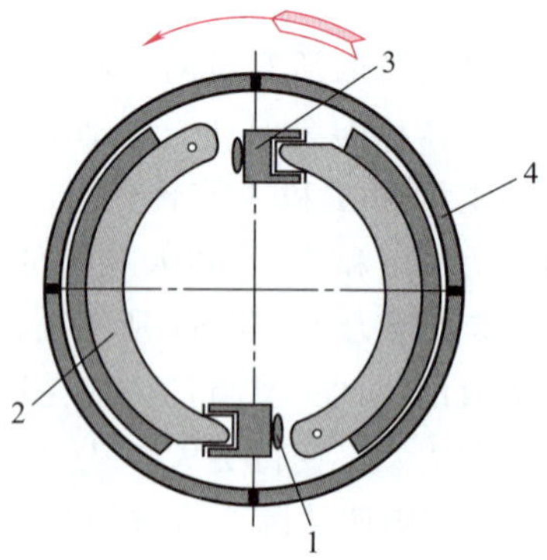

除此之外，现实中还有单向自增力式制动器、双向自增力式制动器以及凸轮式制动器等类型的制动器。

（5）盘式制动器

图3-19　双从蹄式制动器结构示意图

1，3—制动轮缸；2—制动蹄；4—制动鼓

现代汽车上使用的盘式制动器有两种：一种是固定钳盘式制动器，另一种是浮动钳盘式制动器。

① 固定钳盘式制动器　固定钳盘式制动器的基本结构如图3-20所示。旋转摩擦元件是固定在车轮上以端面为工作面，用合金铸铁制成的制动盘1。固定的摩擦元件是面积不大的制动片3。制动钳的钳形支架通过螺栓与转向节（前桥）或桥壳（后桥）固装，并用调整垫片控制制动钳与制动盘之间的相对位置。

制动时，制动油液被压入内、外两油缸中，在液压作用下两活塞2带动两侧制动片3作相向移动压紧制动盘1，产生摩擦力矩。解除制动时，活塞和制动片依靠密封圈的弹力和弹簧的弹力回位。

② 浮动钳盘式制动器　浮动钳盘式制动器的工作原理，如图3-21所示。制动时，活塞制动片3在液压作用力作用下，由活塞4推靠在制动盘1上，同时制动钳上的反力推动制动钳沿定位导向销6移动，使外侧的制动片3也压靠在制动盘1上，产生制动力，于是制动盘两边都被紧紧抱住，使其停止转动。

与固定钳盘式制动器相比较，浮动钳盘式制动器的单侧轮缸结构不需要设置跨越制动盘的油道，故不仅轴向和径向尺寸较小，有可能布置得更接近车轮轮毂，而且制动液受热汽化

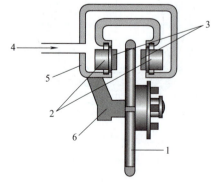

图3-20　固定钳盘式制动器的基本结构

1—制动盘；2—活塞；3—制动片；4—制动油管
5—钳形支架；6—转向节或桥壳

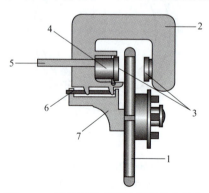

图3-21　浮动钳盘式制动器的基本结构

1—制动盘；2—钳形支架；3—制动片
4—活塞；5—制动油管；6—导向销；7—转向节或桥壳

的机会较少,浮动钳盘式制动器现已基本取代了固定钳盘式制动器。

③ 盘式制动器的特点　盘式制动器与鼓式制动器相比较,有以下优点:制动盘暴露在空气中,散热能力强;浸水后制动效能降低较少,而且只需经一两次制动即可恢复正常;制动时的平顺性好且效能稳定;制动盘沿厚度方向的膨胀量极小,不会像制动鼓的热膨胀那样使制动器间隙明显增加而导致制动踏板行程过大;此外,也便于装设间隙自调装置;结构简单,摩擦片拆装更换容易,因而维修方便。

盘式制动器的缺点是:因制动时无助势作用,故要求管路液压比鼓式制动器高,一般需在液压传动装置中加装制动加力装置和采用较大缸径的油缸;防污性能差,制动块摩擦面积小,磨损较快;兼用于驻车制动时,需要加装的驻车制动传动装置较鼓式制动器复杂,因而在后轮上的应用受到限制。

(6) 驻车制动器

根据驻车制动器安装位置的不同,驻车制动器可以分为中央驻车制动器和车轮驻车制动器两类。图3-22为一盘鼓组合式制动器。这种制动器将一个作行车制动器的盘式制动器和一个作驻车制动器的鼓式制动器组合在一起。

进行驻车制动时,将驾驶室中的手动驻车制动操纵杆拉到制动位置,经一系列杠杆和拉绳传动,将驻车制动杠杆的下端向前拉,使之绕着平头销转动,其中间支点推动制动推杆左移,将前制动蹄推向制动鼓。待前制动蹄压靠到制动鼓上之后,推杆停止移动,此时制动杠杆绕中间支点继续转动。于是制动杠杆的上端向右移动,使后制动蹄压靠到制动鼓上,施以驻车制动。解除制动时,将驻车制动操纵杆推回到不制动的位置,制动杠杆在卷绕在拉绳回位弹簧的作用下回位,同时制动蹄回位弹簧将两制动蹄拉拢。

(7) 液压式制动传动装置

① 组成及工作原理　液压式制动传动装置在目前的轿车、轻型货车的行车制动系上得到了广泛的应用。液压式制动传动装置的组成如图3-23所示,主要由制动主缸、液压管路、后轮鼓式制动器中的制动轮缸、前轮钳盘式制动器中的液压缸等组成。

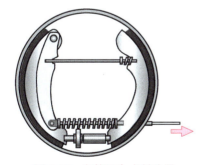

图3-22　盘鼓组合式制动器

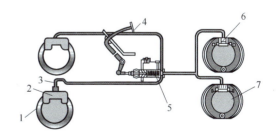

图3-23　液压式制动传动装置

1—制动盘;2—制动钳;3—制动油管;4—制动踏板
5—制动主缸;6—制动轮缸;7—鼓式制动器

其工作原理如下:踩下制动踏板4,制动液由制动主缸5中的活塞推动,经油管压入到制动轮缸6和制动钳2中,将制动蹄或制动片推向制动鼓和制动盘制动。放开制动踏板,制动蹄和轮缸活塞在回位弹簧的作用下回位,将制动液压回主缸。

制动管路中的油压和制动器产生的制动力矩是与踏板力显线性关系的,制动系的这项性能称为制动踏板感(或称路感),驾驶员可因此而直接感觉到汽车制动的强度,以便及时加以必要的控制和调节。

② 制动液　制动液的质量是保证液压系统工作可靠的重要因素。对制动液的要求是：高温下不易汽化，否则将在管路中产生气阻现象，使制动系失效；低温下有良好的流动性；不会使与之经常接触的金属（铸铁、钢、铝或铜）件腐蚀及橡胶件发生膨胀、变硬和损坏；能对液压系统的运动件起良好的润滑作用；吸水性差而溶水性良好，使能渗入其中的水汽形成微粒而与之均匀混合，否则将在制动液中形成水泡而大大降低汽化温度。

现代汽车所用制动液多为合成制动液和矿物制动液。

③ 制动主缸　主缸的作用是将踏板力转变成液压力。有的主缸与储油室铸成一体，也有二者分制而合装在一起或用油管连接的。现代汽车的行车制动系统都必须采用双回路制动系，因此液压制动系都采用串列双腔式制动主缸。

解除制动时，活塞在弹簧作用下回位，高压油液自制动管路流回制动主缸。

④ 制动轮缸　制动轮缸有双活塞式和单活塞式两类，并设有放气阀。

（8）制动力调节装置

由实验得知，当车轮抱死拖滑时，车轮与地面之间的侧向附着力为零。无论是前轮还是后轮产生滑移，都极易造成车祸，尤其是因后轮单独滑移而发生甩尾现象所造成的交通事故更多，其后果也更为严重。所以应当尽量避免制动时后轮先抱死滑移。

为避免制动时后轮先抱死滑移，就必须对车轮即将抱死时的前、后轮制动器的促动管路压力进行控制。一般是通过限压阀、惯性阀或感载阀来实现。

由于汽车装载情况变化较大，其总重力和重心位置变化也较大，因而满载和空载下的理想促动管路压力分配特性曲线差距也较大。在此情况下，有必要采用特性曲线随汽车实际装载质量而变化的感载阀以满足制动安全性的要求。

通过感载阀控制机构输入感载阀的控制信号，一般是有关悬架的变形量。然而影响悬架变形量的因素，除了汽车总重力分配到该悬架上的载荷（包括制动时的载荷转移）以外，还有汽车行驶时不平路面对车轮和悬架的瞬时冲击载荷。感载控制机构中设置容量较大的弹簧的目的就在于吸收这种冲击载荷，以排除其对感载阀工作的干扰。另外，液压感载阀油液本身的阻尼也有助于消除这些干扰。

防抱死制动系统

（9）防抱死制动系统

实验表明，汽车的滑移率在15%～20%时，轮胎与地面之间有较佳的纵向和侧向附着系数。因此，为了充分利用这种附着能力，目前所有轿车及大部分货车安装了防抱死制动系统，其英文全称为 Antilock Braking System，简称 ABS。安装 ABS 系统可提高汽车制动时的方向稳定性、提高汽车的制动效能和改善轮胎的磨损状况。

如图 3-24 所示，ABS 系统主要是在普通制动系统的基础上加装了轮速传感器、ABS 电控单元、制动压力调节装置。制动时，ABS 电控单元（ECU）3 从轮速传感器 1 和 5 上获取车轮的转速信息，经分析处理后判断是否有车轮处于即将抱死拖滑状态。如果车轮未处于上述状态，制动压力调节器 2 不工作，制动系统按照普通制动过程工作，制动轮缸的压力继续增大，此即 ABS 系统的增压过程。

如果电控单元判断出某一车轮即将抱死拖滑，即刻向制动压力调节器发出命令，关闭制动主缸及相关轮缸的通道，使得该轮缸的压力不再增加，此即 ABS 系统的保压状态。若电控单元判断出该车轮仍将要处于抱死拖滑状态，它将向制动压力调节器发出命令，打开该轮

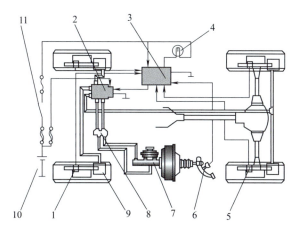

图 3-24　ABS 系统组成

1—前轮轮速传感器；2—制动压力调节器；3—ECU；4—ABS 警告灯；5—后轮轮速传感器；
6—制动灯开关；7—制动主缸；8—比例分配阀；9—制轮缸；10—蓄电池；11—点火开关

缸与储液室或储能器的通道，使得该轮缸的油压降低，此即 ABS 系统的减压状态。装配 ABS 制动系统的制动就是在高频地进行增压、保压和减压的往复过程中完成的。

① 轮速传感器　其作用是检测车轮的转速并将速度信号输入 ABS 系统的电控单元。轮速传感器的类型主要有电磁式和霍尔式两种。

② ABS 电子控制单元（ECU）　ABS 电子控制单元一般由输入级电路、运算电路、输出级（电磁阀控制）电路及安全保护电路等构成。其功能是接收轮速传感器及其他传感器输送的信号，并对这些信号进行测量、比较、分析、放大和判断处理，通过精确计算，获知制动时车轮的滑动率、车轮的加减速度，以判断车轮是否有抱死的趋势，再由输出级（电磁阀控制）电路发出控制命令，控制制动压力调节器去执行压力调节任务。

③ ABS 制动压力调节器　一般整体式制动压力调节器由电磁阀阀体、制动液储液室、储能器、双腔制动主缸与液压助力器、电动泵等组成。另外还包括压力控制、压力警告及液位指示开关等装置。

3.3.2　任务实施

（1）总泵的分解与拆卸

① 摘下防尘罩，用起子顶住第一活塞，再用尖嘴钳取下挡圈，取出垫圈、导向套、油封，取下第一活塞组件，再从第一活塞组件上取下前密封圈、垫圈，旋下螺栓，取下弹簧座、弹簧、止推垫圈、后密封圈、垫圈。

制动片更换

② 旋下限位螺栓，从总泵后端的出油口吹入压缩空气，顶出第二活塞和弹簧，再从第二活塞上取下后密封圈、垫圈、前密封圈及中密封圈。

③ 按拆卸的逆顺序组装总泵。

（2）总泵与真空助力器的装配

① 真空助力器的输出杆与总泵的第一活塞之间的间隙应在 0.6～0.65mm 之间。为此需用工具测出总泵上第一活塞的深度（要带着垫圈），再用同一工具的另一端调整真空助力器输出杆的长度。可旋转真空助力器输出杆上的调整螺钉来达到标准，最后旋紧调整螺钉上的螺母。

②将真空助力器与总泵装在一起，旋紧螺母，其力矩为20N·m。在真空助力器上装上密封套、密封圈，安装支架后旋紧螺母，其力矩为15N·m。调整连接叉，使长度$a=200mm$，再旋紧螺母。

（3）制动鼓的分解

①拆卸前，使用起子通过车轮的螺栓孔将楔形件向上压，使制动蹄回位。

②用VW637/2专用工具拆卸下轮毂盖，拔出开口销，拆下冠状螺母保险环。

③拆下轮毂轴承预紧度的调整螺母及垫圈、轴承，取下制动鼓。

（4）制动蹄的分解

①压下制动蹄定位销压簧，取下制动蹄定位销及压簧垫圈，借助起子、撬棍，或用手从下面的支座上提起制动蹄，取出下回位弹簧。

②拆下制动杆上的手制动钢丝，用鲤鱼钳取下楔形件的拉力弹簧和上回位弹簧，取下制动蹄。

③将带压力杆的制动蹄卡紧在台钳上，拆下定位弹簧。

（5）制动蹄的安装

①装上回位弹簧，并将制动蹄与压力杆（推杆）连接好，装上楔形件（凸块朝向制动器底板），将另一个带有传动管的制动蹄装在压力杆上。

②装入上回位弹簧（最大允许长度为130mm），在制动臂上套上手制动绳索，把制动蹄装在车轮制动分泵的活塞外槽上。

③装入下回位弹簧，并把制动蹄提起，装到下面的支座上，装上楔形件的拉力弹簧（最大允许长度为113mm）；装入制动蹄定位销、压簧及垫圈。

（6）制动鼓的安装

使制动蹄回位，装上制动鼓及后轮轴承，调整好轴承预紧度，用力踩制动踏板一次，使制动蹄能正确就位。

（7）制动钳的拆装

①拆下前车轮，安装并用手拧紧两个带耳螺母以固定转子盘，并使其平的一面朝向转子盘。

②安装C形卡箍，使卡箍的固定端放在制动钳外壳上，且带螺纹的一端放在外侧衬块上。拧紧C形卡箍，直到活塞被推至缸孔内足够远的距离时止，使得制动钳能以转子盘脱离C形卡箍。

③制动钳螺栓的衬套拆下后，可拆下制动钳。

④安装时，应先均匀地在衬套的内表面上涂一层润滑脂。

⑤装复放气后，应踩下制动踏板几次，使衬块定位，安装好车轮。

（8）制动衬块的拆装

①从制动钳上拆下外侧衬块，用起子分开衬块固定扣，拆下内侧衬块。

②先用酒精清洁制动钳活塞保护罩的外表面，然后用一个C形卡箍慢慢地将活塞压入缸孔中。用工具撬起保护罩内缘，压出内部的空气，使保护罩安装到位。

③安装内侧衬块、座圈，使衬块平靠在活塞上。且衬块不应接触到保护罩。然后安装外侧衬块，且使磨损传感器位于衬块后缘，使衬块平靠在制动钳上。

（9）驻车制动器的调整

①驻车制动器的传动机构为机械式钢丝传动，作用于后轮。驻车制动的自由行程为驻

车制动手柄处2齿,当放松驻车制动时,两只后轮都应能自由转动。

② 自由行程的调整步骤:松开驻车制动器,用力踩制动踏板一次,将驻车制动拉杆拉紧2齿,拧紧调整螺母,直到用手不能旋转两个被制动的后轮为止。松开驻车制动拉杆,两个后轮应能转动自如。

（10）注意事项

① 注意拆装顺序及各部件的相互关系。
② 注意在拆装过程中不要损坏皮碗。
③ 安装车轮前,应先补足制动液,对制动系统进行放气。
④ 保持场地清洁及零部件、工量具的清洁。

制动系统
空气排除

3.3.3 拓展与延伸

（1）防抱死制动系统的工作过程

在 ABS 中,每个车轮上各安置一个转速传感器,将关于各车轮转速的信号输入电子控制装置。电子控制装置根据各车轮转传感器输入的信号对各个车轮的运动状态进行监测和判定并形成相应的控制指令。制动压力调节装置主要由调压电磁阀总成、电动泵总成和储液器等组成一个独立的整体,通过制动管路与制动主缸和各制动轮缸相连,制动压力调节装置受电子控制装置的控制,对各制动轮缸的制动压力进行调节。

ABS 的工作过程可以分为常规制动、油压建立、油压保持、油压减小和油压增大等阶段。

在常规制动阶段,ABS 并不介入制动压力控制,调压电磁阀总成中的各进液电磁阀均不通电而处于开启状态,各液压电磁阀均不通电而处于关闭状态,电动泵也不通电运转,制动主缸至各制动轮缸的制动管路均处于开通状态,而各制动轮缸至储液器的制动管路均处于封闭状态,各制动轮缸的制动压力将随制动主缸的输出压力而变化,此时的制动过程与常规制动系统的制动过程完全相同。

开始制动时,驾驶员踩制动踏板,制动压力由制动主缸产生,经常开的不带电压的进油阀作用到车轮制动轮缸上,此时,不带电压的出油阀依然关闭,ABS 没有参与控制,整个过程和常规液压制动系统相同,制动压力不断上升。

当驾驶员继续踩制动踏板,油压继续升高到车轮出现抱死趋势时,ABS 电子控制单元发出指令使进油阀通电并关闭阀门,出油阀依然不带电压仍保持关闭,系统油压保持不变。

若制动压力保持不变,车轮有抱死趋势时,ABS ECU 给出油阀通电打开出油阀,系统油压通过低压储液罐降低油压,此时进油阀继续通电保持关闭状态,有抱死趋势的车轮被释放,车轮转速开始上升。与此同时,电动液压泵开始启动,将制动液由低压储液罐送至制动主缸。

为了使制动最优化,当车轮转速增加到一定值后,电子控制单元给出油阀断电,关闭此阀门,进油阀同样也不带电而打开,电动液压泵继续工作从低压储液罐中吸取制动液泵入液压制动系统。随着制动压力的增加,车轮转速又降低。这样反复循环地控制（工作频率为 5~6 次/s）,将车轮的滑移率始终控制在 15%~20% 左右。

尽管各种 ABS 的结构形式和工作过程并不完全相同,但都是通过对趋于抱死车轮的制动压力进行自适应循环调节,来防止被控制车轮发生制动抱死的,另外,各种 ABS 在以下几个方面都是相同的。

① ABS 只是汽车的速度超过一定以后（如 30km/h 或 40km/h），才会对制动过程中趋于抱死的车轮进行防抱死制动压力调节。当汽车速度被制动降低到一定时，ABS 就会自动中止防抱死制动压力调节，此后，装备 ABS 汽车的制动过程将与常规制动系统的制动过程相同，这是因为在汽车的速度很低时，车轮被制动抱死对汽车制动性能的影响已经很小，而且要使汽车尽快制动停车，应必须使车轮制动抱死。

② 在制动过程中，只有当被控制车轮趋于抱死时，ABS 才会对趋于抱死车轮的制动压力进行防抱死调节；在被控制车轮还没有趋于抱死时，制动过程与常规制动系统的制动过程完全相同。

③ ABS 都具有自诊断功能，能够对系统的工作情况进行监测，一旦发现存在影响系统正常工作的故障时将自动地关闭 ABS，并将 ABS 警示灯点亮，向驾驶发出警示信号，汽车的制动系统仍然可以像常规制动系统一样进行制动。

（2）ABS 特点

① 在低附着系数的路面上制动时，应一脚踏死制动踏板　在附着系数高的路面上，ABS 几乎没有工作的机会。只有在冰雪路面上或下雨时，它才有工作的机会。此时路面附着系数比较小，在这种路面上，司机踏动制动踏板的动作稍一过猛，制动力就可能超过轮胎与路面间的附着力。当然，在发生紧急情况时，司机紧急制动往往是一脚踏死制动踏板，这时，即使路面附着系统再大，制动力也会超过附着力的。

在驾驶装用 ABS 的汽车时，制动时必须一脚踏死制动踏板。否则，会因制动力不足使 ABS 不能起作用。如果司机驾驶技术相当熟练的话，制动时能恰到好处地操作，ABS 就一点用也没有了。ABS 并不是自动制动，所以在驾驶这类汽车时，制动时应一脚踏死制动踏板。

② 能在最短的制动距离内停车　在冰雪等光滑路面上，如果没有 ABS，无论怎么小心，制动力总是会显得太大，使轮胎抱死，从而使汽车制动距离过长。同样，在这种路面上，如果汽车有 ABS，就能自动地使汽车轮胎与路面间产生最大的附着力，可以使制动距离变短。

③ 制动时汽车具有较高的方向稳定性　ABS 的最大优点即在于此，一脚踏死制动踏板，汽车的转向盘仍然可以控制汽车的方向，在转弯过程中，制动也不会影响汽车的转向性。在两侧附着系数不一样的路面上，如果没有 ABS 的话，在附着系数小一侧的路面上，轮胎很容易抱死，从而使汽车发生转动。装用了 ABS 的汽车，由于可自动进入选择慢控制程序之中，可以保持整车的方向稳定性。

ABS 能使汽车获得最大的制动力，最大限度地利用轮胎与路面之间的附着力。但千万不要错误地认为有了 ABS，汽车的制动就再也没问题了，甚至错误地认为无论是冰雪等光滑路面，还是干燥路面，汽车的制动距离都是一样的。

任务 3.4　悬架系统检查与维护

3.4.1　相关知识

汽车悬架是车架（或车身）与车桥之间传力装置的统称，它的作用是弹性地连接车桥与车架（或车身），缓和行驶中车辆受到的冲击力，保证货物完好和人员舒适；衰减由于弹性系统引起的振动，传递垂直、纵向、侧向反力及其力矩；并起导向作用，使车轮按一定轨迹相对车身跳动。悬架结构形式和性能参数选择的合理与否，直接影响汽车行驶的平顺性和操纵稳定性。

悬架主要由弹性元件、导向装置和减振器等三部分组成。

悬架的主要作用是把路面作用于车轮上的垂直反力（支承力）、纵向反力（驱动力和制动力）和侧向反力以及这些反力所形成的力矩传递到车架（或承载式车身）上，以保证汽车的正常行驶。

弹性元件使车架与车桥之间作弹性联系，承受和传递垂直载荷，缓和及抑制不平路面所引起的冲击；导向装置是用来传递纵向力、侧向力及其力矩，并保证车轮相对于车架或车身具有一定的运动规律；减振器用以加快振动的衰减，限制车身和车轮的振动。由此可见，上述三个组成部分分别起缓冲、导向和减振作用，三者相匹配共同实现传力的作用。

为防止车身在不平路面行驶或转向时发生过大的横向倾斜，部分汽车还装有辅助弹性元件——横向稳定器平衡杆。需要指出的是：任何悬架只要具备上述功用，在结构上并非必有以上全套装置。如汽车上广泛采用的多片钢板弹簧悬架，它既有缓冲、减振的功能，又担负起传力和导向的任务，因此，不需要再安装导向机构，甚至不要减振器（如后悬架）。

根据汽车两侧车轮运动是否相互关联，汽车悬架可分为非独立悬架和独立悬架两种形式（见图 3-25）。

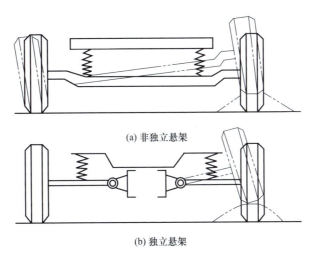

(a) 非独立悬架

(b) 独立悬架

图 3-25　汽车悬架

（1）非独立悬架

如图 3-26 所示，非独立悬架结构简单，广泛应用于货车和客车上，用在轿车上也只作为后悬架。

① 钢板弹簧式非独立悬架（见图 3-27）　钢板弹簧被用作非独立悬架的弹性元件，由于它兼起导向机构的作用，使得悬架系统大为简化。悬架中部用 U 形螺栓将钢板弹簧固定在车桥上，悬架前端为固定铰链，也叫"死吊耳"，它由钢板弹簧销钉将钢板弹簧前端卷耳部与钢板弹簧前支架连接在一起，为减小磨损，前端卷耳孔中装有衬套。后端卷耳通过钢板弹簧吊耳销与后端吊耳和吊耳架相连，后端可以自由摆动，形成"活动吊耳"。当车架受到冲击，弹簧变形时，两卷耳之间的距离是变化的。

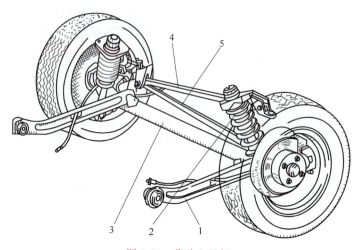

图3-26 非独立悬架
1—纵向推力杆；2—螺旋弹簧和减振器总成；
3—车桥；4—加强杆；5—横向推力杆

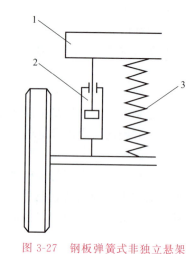

图3-27 钢板弹簧式非独立悬架
1—车架；2—阻尼元件；3—弹性元件

② 螺旋弹簧式非独立悬架 螺旋弹簧式非独立悬架一般只用作轿车的后悬架。减振器下端是吊耳，通过螺栓、自锁螺母和后桥相连。减振器外面装有防尘罩，保护套下端装有弹簧下座，保护套上端装有限位块。弹簧上座和螺旋弹簧就固定在弹簧上座和下座之间。弹簧座上端有座圈孔，弹簧上座橡胶支承就装在里边。减振器的活塞杆由弹簧上座和弹簧上座橡胶支承中间的通孔穿出，然后将自锁螺母拧入减振器活塞杆的螺纹端，将活塞杆上部固定在弹簧上座上。弹簧上座法兰上有四个螺栓孔，以便通过螺栓、自锁螺母固定在和车身相连的连接件上。后悬架中，导向元件横向推力杆，下连后桥，上连车身，用来传递车桥和车身之间的横向作用力及其力矩。加强杆也是下连车桥，上连车身，此杆的作用是加强横向推力杆的安装强度，并可减轻车重使车身受力均匀。

③ 空气弹簧非独立悬架 囊式空气弹簧的上下端分别固定在车架和车桥上。采用空气弹簧悬架时，可以通过车身高度控制阀来改变空气弹簧内的空气压力，从而自动调节车身高度，以保证车身高度不因载荷变化而变化。空气弹簧非独立悬架多用于重型车和高级轿车中。现代电子控制自动悬架也有采用空气弹簧做弹性元件的。

（2）独立悬架

独立悬架采用断开式车桥，两侧车轮分别通过独立悬架与车架或车身相连，每侧车轮可独立上下运动。轿车和载重量在1t以下的货车的前悬架广泛采用独立悬架。根据车轮的运动形式的不同，独立悬架可分为横臂式独立悬架（车轮在汽车横向平面内摆动的悬架）、纵臂式独立悬架（车轮在汽车纵向平面内摆动的悬架）、烛式和麦弗逊式独立悬架（车轮沿主销移动的悬架）等类型。

① 横臂式独立悬架 横臂式独立悬架分为单横臂式和双横臂式独立悬架两种。

单横臂式独立悬架中，后桥半轴套管是断开的，主减速器的左侧有一个单铰链，半轴可绕其摆动。在主减速器上面安装着可调节车身水平位置的油气弹簧元件，它和螺旋弹簧一起承受并传递垂直力，而且还可以部分地承受纵向力。当车轮上下跳动时，为避免干涉，其纵向推力杆的前端用球铰链与车身连接。采用单横臂式独立悬架的车轮上下运动时，车轮平面将产生倾斜而改变轮距的大小，并使主销内倾角及车轮外倾角均发生较大变化。轮距变化使轮胎产生横向滑移，破坏轮胎与地面的附着，因此这种悬架很少在转向轮中采用。

双横臂式独立悬架的两个横臂长度可以相等，也可以不等。等臂长的双横臂式独立悬架在车轮上下跳动时，虽然车轮平面不发生倾斜，却会使轮距发生较大的变化，这将使车轮产生横向滑移。不等臂长的双横臂式独立悬架若两臂长度选择合适，则可以使主销角度与轮距的变化均不过大。因此不等长的双横臂式独立悬架在轿车的前轮上应用较广泛。

② 纵臂式独立悬架　纵臂式独立悬架常见的类型有：单纵臂式独立悬架和双纵臂式独立悬架。单纵臂式独立悬架在车轮上下跳动时，主销后倾角会产生很大变化，一般不用在前悬架中。双纵臂式独立悬架的两个纵臂长度一般制成相等，形成平行四连杆机构。这样可使车轮上下跳动时，主销后倾角不变，因而这种形式的悬架适用于转向轮。

（3）普通悬架装置

① 弹性元件　汽车悬架所用的弹性元件可分为钢板弹簧、螺旋弹簧、扭杆弹簧、气体弹簧和橡胶弹簧等。一般载货汽车的非独立悬架广泛采用钢板弹簧，大多数轿车的独立悬梁应用螺旋弹簧和扭杆弹簧；而在重型载货汽车上气体弹簧得到广泛的应用。

a. 钢板弹簧。钢板弹簧是汽车悬架中应用最广泛的一种弹性元件。它是由若干片长度不等、曲率半径不同、厚度相等或不等的弹簧钢片叠合在一起组成的一根近似等强度的弹性梁。

钢板弹簧中部一般由U形螺栓与车桥刚性固定，其两端用钢板弹簧销铰接在车架的支架上。

为加强第一片的卷耳，常将第二片末端也弯成卷耳，把第一片卷耳包住。弹簧受压变形时为防止它们之间产生相对滑动，在第一片与第二片卷耳之间留有较大的空隙。在车架加载弹簧变形时，钢板弹簧各片之间产生相对滑动进而产生摩擦，此时钢板弹簧本身具有一定的减振作用。如果钢板弹簧各片之间产生干摩擦时，轮胎所受到的冲击要直接传给车架，并直接使钢板弹簧各片磨损，故安装钢板弹簧时，应在各片之间涂上适量的石墨润滑剂。

为了进一步改善钢板弹簧的受力状况，可采用不同形状的断面。矩形断面钢板弹簧结构简单，但受拉应力一面的棱角处易产生疲劳裂纹。采用上下不对称的横断面，由于断面抗弯的中性轴线上移，不但可减小拉应力，而且节省了材料。

b. 螺旋弹簧。螺旋弹簧广泛地应用于前独立悬架。螺旋弹簧与钢板弹簧相比，具有无需润滑、不忌泥污、所占纵向空间不大、弹簧质量小等优点。螺旋弹簧本身没有减振作用，因此在螺旋弹簧悬架中必须另装减振器。此外，螺旋弹簧只能承受垂直载荷，故必须装设导向机构以传递垂直力以外的各种力和力矩。螺旋弹簧通常用弹簧钢棒料卷制而成，可做成等螺距或变螺距的，前者刚度不变，后者刚度是可变的。

c. 扭杆弹簧。扭杆弹簧是一根具有扭转弹性的直线金属杆件。其断面一般为圆形，少数为矩形或管形。它的两端可以制成花键、方形、六角形或带平面的圆柱形等，以便将一端固定在车架上，另一端通过摆臂固定在车轮上。当车轮跳动时，摆臂便绕着扭杆轴线而摆动，使扭杆产生扭转弹性变形，借以保证车轮与车架的弹性联系。有的扭杆由一些矩形断面的薄扭片组合而成，这样弹簧更为柔软。扭杆本身的扭转刚度虽然是常数，但采用扭杆的悬架刚度却是可变的。若将扭杆的固定端转过一个角度，则摆臂的初始位置将改变，借以可调节车架与车轮间的距离，即调节车身高度。

扭杆是用铬钒合金弹簧钢制成，表面经过加工后很光滑。为了保护其表面，通常涂以沥青和防锈油漆或者包裹一层玻璃纤维布，以防碰撞、刮伤和腐蚀。扭杆具有预扭应力，安装时左右扭杆预加扭转的方向都与扭杆安装在车上后承受工作载荷时扭转的方向相同，不能互换，为此，在左右扭杆上刻有不同的标记。扭杆弹簧与钢板弹簧相比较，具有质量小、不需润滑的特点。

d. 气体弹簧。气体弹簧是在一个密封的容器中充入压缩气体，利用气体的可压缩性实现其弹簧作用的。这种弹簧的刚度是可变的，因为作用在弹簧上的载荷增加时，容器内的定量气体气压升高，弹簧的刚度增大。反之，当载荷减小时，弹簧内的气压下降，刚度减小，故它具有较理想的弹性特性。气体弹簧有空气弹簧和油气弹簧两种。

e. 橡胶弹簧。橡胶弹簧是利用橡胶本身的弹性来缓和冲击、减小振动的。它可以承受压缩载荷与扭转载荷。橡胶弹簧的优点是：单位质量的储能量较金属弹簧多，隔音性能好，多用在悬架的副簧和缓冲块上。

② 减振器（见图3-28） 减振器的作用是吸收钢板弹簧起落时车辆的振动，使其迅速恢复平稳的状态，以改善汽车行驶的平稳性。

悬架空气减振器

汽车悬架系统中广泛采用液力减振器。其工作原理是利用液体流动的阻力来消耗振动的能量。当车架与车桥相对运动时，活塞在缸筒内就上下移动，减振器壳体内的油液便反复地从一个内腔通过一些窄小的孔隙流入另一内腔。此时，孔壁与油液间的摩擦及液体分子内摩擦便形成对振动的阻尼，使车身和车架的振动能量转化为热能而被油液和减振器壳体所吸收，最后散到大气中去。减振器的阻尼力大小随车架与车桥的相对运动速度的增减而增减，并且与油液的黏度有关。

悬架液压减振器

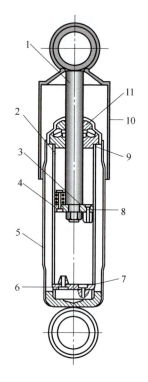

图3-28 减振器

1—活塞；2—工作缸筒；3—活塞；
4—伸张阀；5—储油缸筒；
6—压缩阀；7—补偿阀；8—流通阀；
9—导向座；10—防尘罩；11—油封

常见的双向作用筒式减振器有三个同心钢筒，防尘罩、储油缸筒和工作缸筒。防尘罩与活塞杆和用于连接车架的上吊环焊接在一起。工作缸筒装于储油缸筒内，并用储油缸螺母通过密封圈和导向座压紧。储油缸筒的下端与连接车桥的下吊环焊接在一起。在减振器工作时，这两个缸筒作为一个整体一起随车桥而运动。储油缸筒与工作缸筒之间形成储油腔，内装减振油液，但不装满，工作缸筒内则充满减振油液。活塞杆穿过储油缸筒和工作缸筒的密封装置而伸入工作缸筒内。在活塞杆的下端用压紧螺母固定着活塞。活塞的头部有内外两圈沿圆周均布的轴向通孔，外圈孔大、内圈孔小。在外圈大孔上面盖着流通阀，并用流通阀弹簧片压紧，再由流通阀限位座限位。在内圈小孔下面，均布着四道小槽，其上面有伸张阀和支承座圈。当伸张阀被压紧时便形成四个缺口，该缺口为常通的缝隙，在压缩或伸张行程时，油液均可通过此缺口流动。在伸张阀与压紧螺母之间装有调整垫片，用于调整伸张阀弹簧的预紧力。

在工作缸筒下端装有支承座，其上端面有两个小缺口被星形补偿阀盖着，形成两道缝隙，作为工作缸筒与储油缸筒之间的常通缝隙。补偿阀中央有孔，孔中装着压缩阀杆，杆上有中心孔和旁通孔，其上滑套着压缩阀。不工作时，压缩阀在压缩阀弹簧的作用下使其上端面压在补偿阀上,使内部形成锥形空腔。此时,油液经阀杆上的中心孔、旁通孔仅能流到锥形空腔中,而不能进入储油缸筒。支承座上端用翻边的方法将补偿阀弹簧片紧压在压缩阀杆顶端边缘。

由于流通阀和补偿阀的弹簧较软,当车轮跳动较小时,油液从这两个阀和一些孔隙中流过;而伸张阀和压缩阀的弹簧较硬,预紧力也较大,故车轮剧烈跳动并使油压增大到一定程度时,才能压开它而流过。

当双向作用筒式减振器被压缩(车轮靠近车架压缩悬架)时,活塞下移,使其下腔室容积减小,油压升高,油液经流通阀流到活塞上腔室。由于活塞杆占去上腔室一部分容积,故上腔室增加的容积小于下腔室减小的容积,致使下腔室油液不能全都流入上腔室,而多余的油液则压开支承座圈上的压缩阀进入储油缸筒。这些阀对油液的节流便造成对悬架压缩运动的阻尼力,由于流通阀和压缩阀的特殊结构(弹簧较软,通道较小),能使油液流动的阻尼力不致过大,所以在压缩行程时能使弹性元件充分发挥它的缓冲作用。当悬架处在伸张行程(车轮离开车架、减振器被拉长)时,活塞上移使其上腔室容积减小、油压升高,流通阀关闭。上腔室内的油液便推开伸张阀流入下腔室。同样由于活塞杆的存在,自上腔室流来的油液不足以充满下腔室所增加的容积,下腔室内产生一定的真空度,这时储油缸筒内的油液在真空度的作用下推开补偿阀流入下腔室进行补充,这些阀的节流作用即构成对悬架伸张运动的阻尼力,由于伸张阀弹簧的刚度和预紧力比压缩阀的大,且伸张行程时油液通道截面也比压缩行程小,所以减振器在伸张行程内产生的最大阻尼力远远超过了压缩行程内的最大阻尼力。减振器这时充分发挥减振作用,保护弹性元件不被拉坏。

③ 扭杆弹簧(见图 3-29) 扭杆弹簧具有预应力,安装时左右扭杆不能更换。

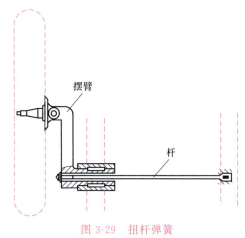

图 3-29 扭杆弹簧

3.4.2 任务实施

汽车悬架装置工作性能的检测方法有经验法、按压车体法和检测台检测法三种类型。

经验法是通过人工外观检视的方法,主要从外部检查悬架装置的弹簧是否有裂纹,弹簧和导向装置的连接螺栓是否松动,减振器是否漏油、缺油和损坏等项目。

按压车体法既可以人工按压车体,也可以用试验台的动力按压车体。按压使车体上下运动,观察悬架装置减振器和各部件的工作情况,凭经验判断是否需要更换或修理减振器和其他部件。

检测台能快速检测、诊断悬架装置工作性能,并能进行定量分析。根据激振方式不同,悬架装置检测台可分为跌落式和共振式两种类型。其中,共振式悬架装置检测台根据检测参数的不同,又可分为测力式和测位移式两种类型。

(1) 悬架装置检测台的结构与检测

① 跌落式悬架装置检测台 测试中,先通过举升装置将汽车升起一定高度,然后突然松开支撑机构,车辆落下产生自由振动。用测量装置测量车体振幅或者用压力传感器测量车轮对台面的冲击压力,对振幅或压力分析处理后,评价汽车悬架装置的工作性能。

② 共振式悬架装置检测台 如图 3-30 所示，通过试验台的电动机、偏心轮、蓄能飞轮和弹簧组成的激振器，迫使试验台台面及其上被检汽车悬架装置产生振动。在开机数秒后断开电动机电源，从而由蓄能飞轮产生扫频激振。由于电动机的频率比车轮固有频率高，因此蓄能飞轮逐渐降速的扫频激振过程总可以扫到车轮固有振动频率处，从而使台面-汽车系统产生共振。通过检测激振后振动衰减过程中力或位移的振动曲线，求出频率和衰减特性，便可判断悬架装置减振器的工作性能。

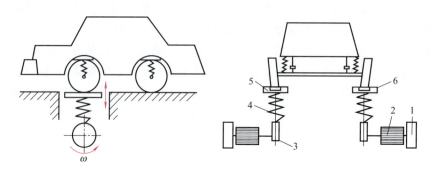

图 3-30 共振式悬架装置检测台

1—蓄能飞轮；2—电动机；3—偏心轮；4—激振弹簧；5—台面；6—测量装置

测力式悬架装置检测台和测位移式悬架装置检测台，一个是测振动衰减过程中的力，另一个是测振动衰减过程中的位移量，它们的结构如图 3-31 所示。由于共振式悬架装置检测台性能稳定、数据可靠，因此应用广泛。

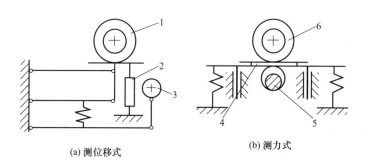

(a) 测位移式　　　　　　　　　(b) 测力式

图 3-31 测力式和测位移式悬架装置检测台的结构

1,6—车轮；2—位移传感器；3—偏心轮；4—力传感器；5—偏心轴

(2) 共振式悬架装置检测台

共振式悬架装置检测台一般由机械部分和电子电器控制部分组成。

① 机械部分 共振式悬架装置检测台的机械部分，由箱体和左右两套相同的振动系统构成，结构如图 3-32 所示。每套振动系统由上摆臂、中摆臂、下摆臂、支承台面、激振弹簧、驱动电动机、蓄能飞轮和传感器等构成。传感器一端固定在箱体上，另一端固定在台面上。

上摆臂和中摆臂与支承台面连接，并构成平行四边形的四连杆机构，以保证上下运动时能平行移动，以及台面受载时始终保持水平。中摆臂和下摆臂端部之间装有弹簧。

驱动电动机的一端装有蓄能飞轮，另一端装有凸缘，凸缘上有偏心轴。连接杆一端通过轴承和偏心轴连接，另一端和下摆臂端部连接。

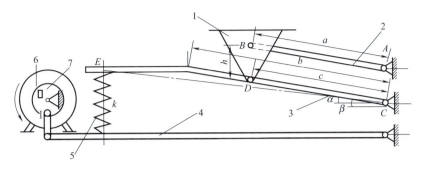

图 3-32 共振式悬架装置检测台单轮支承结构简图
1—支承台面；2—上摆臂；3—中摆臂；4—下摆臂；5—激振弹簧；6—驱动电动机；7—偏心惯性结构

检测时，将汽车驶上支承平台，启动测试程序，驱动电动机带动偏心机构使整个汽车-台面系统振动。激振数秒钟达到角频率为 ω_0 的稳定强迫振动后，断开驱动电动机电源，接着由蓄能飞轮以起始频率为 ω_0 的角频率进行扫频激振。由于停在台面上车轮的固有频率处于 ω_0 和 0 之间，因此蓄能飞轮的扫频激振总能使汽车-台面系统产生共振。断开驱动电动机电源的同时，启动采样测试装置，记录数据和波形，然后进行分析、处理和评价。

② 电子电器控制部分　共振式悬架装置检测台电子电器控制部分，主要由微机、传感器、A/D 转换器、电磁继电器及控制软件等组成。控制软件是悬架装置试验台电子电器控制部分与机械部分联系的桥梁。软件不仅实现对悬架装置试验台测试过程的控制，同时也对悬架装置试验台所采集的数据进行分析和处理，并最终将检测结果显示和打印出来。

(3) 用检测台检测悬架特性的方法
① 汽车轮胎规格、气压应符合规定值，车辆空载，不乘人。
② 将车辆每轴车轮驶上悬架检测台，使轮胎位于台面的中央位置，驾驶员离车。
③ 启动检测台，使激振器迫使汽车悬挂产生振动，使振动频率增加至超过振荡的共振频率。
④ 在共振点过后，将激振源关断，振动频率减少，并将通过共振点。
⑤ 记录衰减振动曲线，纵坐标为动态轮荷，横坐标为时间，测量共振时动态轮荷。计算并显示动态轮荷与静态轮荷的百分比及其同轴左右轮百分比的差值。

3.4.3　拓展与延伸

(1) 车轮沿主销移动的悬架
车轮沿主销移动的悬架包括两种形式：一种是车轮沿固定不动的主销轴线移动的烛式独立悬架；另一种是车轮沿摆动的主销轴线移动的麦弗逊式独立悬架。
① 烛式独立悬架　烛式独立悬架的车轮沿固定不动的主销轴线移动。主销刚性地固定在车架上，转向轮、转向节则装在套筒上。这种悬架的主销定位角不变化，使汽车转向操纵及行驶稳定性较好，但侧向力全部由套在主销上的套筒和主销承受，套筒与主销之间的摩擦阻力大，磨损严重。
② 麦弗逊式独立悬架　这种悬架是车轮沿摆动的主销轴线移动。横摆臂以铰链与转向节相连接。外面套装螺旋弹簧的减振器上端通过螺栓与橡胶垫圈与车身相连接，下端固定在转向节上。主销的轴线为上下铰链中心的连线。当车轮上下跳动时，减振器的下支点随横摆

臂摆动，故主销轴线的角度是变化的，显然车轮是沿着摆动的主销轴线运动。因此，这种悬架变形时，使主销的定位角和轮距都有些变化。合理地调整杆系的布置，可使车轮的这些定位参数变化极小。这种悬架的突出优点是两前轮内侧空间较大，便于发动机等机件的布置。一汽奥迪100、捷达/高尔夫、富康及上海桑塔纳型轿车均采用这种悬架。

（2）悬架装置工作性能的诊断标准

GB 18565—2016《道路运输车辆综合性能要求和检验方法》中规定：对于最大设计车速≥100km/h、轴载质量≤1500kg 的载客汽车，应用悬架检测台按规定的方法进行检测悬架特性，受检车辆的车轮在受外界激励振动下测得的吸收率，即被测汽车共振时的最小动态车轮垂直载荷与静态车轮垂直载荷的百分比值（又称车轮接地性指数），应不小于40%，同轴左右轮吸收率之差不得大于15%。

车轮接地性指数可以表征悬架装置的工作性能，车轮接地性指数表明了悬架装置在汽车行驶中确保车轮与路面相接触的最小能力。汽车行驶中，所有车轮的接地性指数是不一样的，这是因为各轮悬架装置工作性能不一、各轮承受载荷不一、各轮气压不一等原因造成的。如果在检测台上，人为使各轮承受的载荷和轮胎气压一致，那么，车轮接地性指数就主要决定于悬架装置的工作性能。因此，完全可以用车轮接地性指数评价悬架装置的工作性能。

在欧美一些国家，悬架装置检测台已被广泛应用在检测汽车悬架装置工作性能上。欧洲使用的悬架装置检测台主要的生产厂家有德国的 HOFMANN 公司和意大利的 CEMB 公司等。他们生产的悬架检测台在检测中，悬架检测台台板连同其上的被检汽车按正弦规律作垂直振动，激振振幅固定而频率变化。力传感器感应到车轮作用到台板上的垂直作用力，并将力信号存入存储器。当对全车所有车轮悬架装置检测完后，微机将力信号进行分析和处理，便可获得车轮的接地性指数。

欧洲减振器制造协会（EUSAMA）推荐的评价车轮接地性指数的参考标准如表 3-4 所列，可供我国检测悬架装置工作性能时参考。

表 3-4 车轮接地性指数参考标准

车轮接地性指数/%	车轮接地状态	车轮接地性指数/%	车轮接地状态
60～100	优	20～30	差
45～60	良	1～20	很差
30～45	一般	0	车轮与路面脱离

任务 3.5　进排气系统检查与维护

3.5.1　相关知识

发动机进排气系统组成如图 3-33 所示。

（1）空气滤清器

a. 功用：清除空气中所含的尘土和沙粒，以减少气缸、活塞和活塞环的磨损。

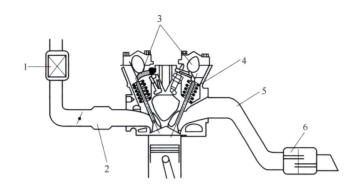

图 3-33 发动机进排气系统组成

1—空气滤清器；2—进气歧管；3—凸轮轴；4—配气机构；5—排气总管；6—消声器

b. 分类：惯性式、过滤式、综合式（油浴式滤清器）。

（2）进气歧管

a. 功用：将空气或可燃混合气分配到各缸进气道。

b. 进气预热装置：利用排气或冷却液对进气管预热。

c. 可变进气歧管。

（3）排气系统　排气系统由排气歧管、排气总管和消声器组成。

功用：消减排气噪声和消除废气中的火焰及火星。

原理：消声器通过逐渐降低排气压力和衰减排气压力脉动，使排气能量耗散殆尽。

（4）排气净化装置

① 汽油机排气的净化：改善可燃混合气品质；进气自动调温装置；废气再循环系统；改善燃烧状况，使用低污染燃料。

尾气排放控制

② 柴油机排气的净化。

③ 进、排气管材料　进、排气管一般用铸铁制成。进气管也有用铝合金铸造的。二者可铸成一体，也可分别铸出。都固定在气缸盖上，接合面处装有石棉衬垫，以防漏气。进气总管以凸缘连通化油器，排气总管连通排气消声器。而进、排气支管则分别与进、排气门的通道连通。

3.5.2 任务实施

排气管道和安装件检查和紧固如下。

（1）损坏和安装状况检查

a. 检查排气管是否损坏。

b. 检查消声器是否损坏。

c. 检查排气管支架上的 O 形圈是否损坏或者脱离。

d. 检查垫片是否损坏。

（2）排气管渗漏检查（图 3-34）

通过观察接头周围是否存在任何炭黑检查排气管连接部分是否泄漏废气。排气管漏气是一个比较常见的故障,多发生在一些老旧车及某些廉价的低端车身上,绝大多数情况下,4S店或修理厂会让车主直接更换新的排气管。

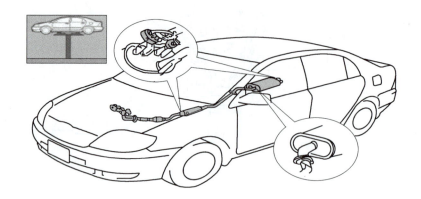

图 3-34　排气管渗漏检查

3.5.3　拓展与延伸

汽车的排气系统通常指的是汽车中用于收集和排放废气的系统,是汽车中的重要组成部分,接下来就主要介绍汽车排气系统组成及其一些相关问题。

(1) 汽车排气系统组成图解

汽车排气系统作为汽车用于收集和排放废气的系统(图 3-35),一般是由排气歧管、消声器、排气管和催化转换器等几部分构成的,有时也包含尾管和共振器。

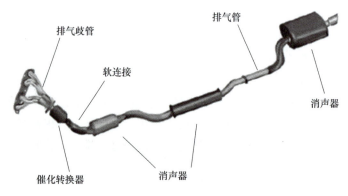

图 3-35　排气系统组成

排气歧管:排气歧管直接连接在排气孔后,再结合为一。排气歧管在设计上会尽量让各缸的阻力相同,以让排气顺畅。废气自气缸排出后,随即进入排气歧管,各缸的排气歧管汇集后,经过排气管将废气排出。而就如进气歧管一样,气体在排气歧管内也是以脉冲的方式离开发动机。

催化转换器:催化转换器中主要含有铂、铑、钯等贵金属元素,铂是控制 CO 的排放,钯是控制 HC 的排放,铑是控制 NO 的排放。催化转换器通常以贵重金属为原料,有氧化型催化剂、还原型催化剂及绝大多数车辆采用的三元催化转换器。

消声器:从催化转换器出来就连接到消声器了,消声器横截面是一个圆形或者椭圆形的物体，多用薄钢板焊制，装在排气系统的中部或者后部位置上，它内部有一系列隔板、腔室、孔管和管道，利用声波反射互相干扰抵消的现象，使声能逐渐消弱，用以隔离和衰减排气门每次打开时产生的脉动压力。

(2) 汽车排气系统作用

汽车排气系统的主要作用就是为了排放和净化发动机工作所排出的废气，减少发动机排气产生的噪声，常常用于轻型车、客车、摩托车、微型车等类型的机动车辆上面。

汽车的使用过程中，常常由于供油系统、点火系统的故障或发动机过热、回火，造成三元催化转换器载体烧结、剥落，排气阻力增大等问题，当发生这种情况的时候，就需要清理排气系统了。

有时由于燃油或润滑油使用原因，造成催化器中毒、活性下降，催化转换效率受到影响，三元催化器内产生硫、磷络合物和沉积物，进而使汽车性能恶化，造成动力性能下降、燃油消耗增加、排放恶化等。

诊断和检修发动机排气堵塞故障是车辆养护的被动之举，养成良好的车辆使用和保养习惯才能尽可能避免类似故障的发生。

① 应在正规加油站加油，保证燃油品质。

② 谨慎使用燃油添加剂和机油添加剂，如果一定要用，其产品应得到汽车制造厂和相关技术部门的认可。

③ 禁止在发动机缺火状态下运行车辆。

④ 应避免长时间怠速运转发动机。

⑤ 如果发动机出现异常，应及时检查、排除故障。

⑥ 防止车辆底盘磕碰，以免损坏排气管路和三元催化器。

思考与练习

1. 汽车 20000 公里维护的内容和 5000 公里维护的差异是什么？
2. 列出完成汽车 20000 公里维护学习工作任务需要查阅的资料名称、内容。
3. 列出完成汽车 20000 公里维护学习工作任务中的安全注意事项及环保要求（例如废旧蓄电池、电解液的处理，以及安全操作等事项）。
4. 蓄电池检查方法。
(1) 如何区分蓄电池的正负极桩？
(2) 如何从外表上区分一个蓄电池是普通蓄电池还是免维护蓄电池？
(3) 查阅资料，写出下列蓄电池编码的含义。
(4) 失效或快要失效的蓄电池有什么特征？
(5) 蓄电池的电解液主要成分是什么，在蓄电池的使用过程中电解液为什么会消耗？如何补充电解液，如何确定电解液液位是否在正常范围？
(6) 蓄电池的充电方法有哪些？各种充电方法的适用范围是什么？定电流充电时如何选择充电电流？
(7) 查阅资料，表述免维护蓄电池的技术特点，着重说明与普通铅钙蓄电池的区别。
(8) 用相对密度计测试蓄电池电压，记录测试步骤和测量值，查阅资料，列出相对密度和充电状态的关系。
(9) 蓄电池负载测试，在启动发动机时测量蓄电池电压，记录电压降。查阅资料，电压降多少为正常？

5. 电动座椅已经移动到极限位置，如果操作开关还未及时松开，电动机会不会烧坏，电动座椅的电路中如何实现电动机保护？

6. 怎样实现汽车电动后视镜的上下左右？并写出控制电路中电流的走向。

7. 20000公里维护项目涉及的内容不尽相同，它随车型、车况、客户的性格特征等情况而变。根据20000公里维护工单和已有的知识技能，制订本小组学习工作计划。

（1）怎样保证工作安全？

（2）工作操作流程（从准备到完成的工作流程）有哪些？

（3）怎样满足环保要求（涉及哪些环保要求，如何达到相关标准）？

（4）怎样保证工作质量和控制成本？

（5）在工具车上需要准备的仪器设备、零配件、工具有哪些？

8. 记录汽车音响系统检查的内容和方法，并分析检查方法步骤的合理性。

9. 写出汽车进排气歧管、排气管和安装件检查判断注意事项。

10. 记录汽车20000公里维护制动和驻车制动系进行检查判断的方法步骤，并分析检查方法步骤的合理性。

11. 写出汽车20000公里底盘悬架检查维护方法、步骤及注意事项。

项目4

汽车40000公里维护

 情境描述

40000km维护项目涉及的内容不尽相同，它随车型、车况、客户的性格特征等情况而变。如某花冠私家车用户，进行40000km维护预约。在交车时要求服务顾问对所做的保养工作进行解释；在保养过程中如果有维修合同以外的其他变动，要求及时转告。该客户在送车保养时提出如下问题，要求保养解释。

"为什么车比以前的噪声大很多？"

"我自己给轮胎打气，要打多少才合适？"

"轮胎充氮气有什么作用？为什么？"

"方向沉重的问题能不能解决啊？"

 学习目标

1. 能自觉遵守执行丰田企业的操作规范和规章制度，满足客户要求，独立完成丰田花冠轿车40000km维护，也能通过查阅其他品牌的维修资料和技术标准进行汽车维护。

2. 能与客户就车辆技术状况进行有效沟通，初步评定客户车辆的技术状况。

3. 能遵循丰田车辆维护工作安全规范、技术标准、工作环境、维护车辆的车况制订合理的维护工作计划。

4. 能正确熟练地使用常用工量具、专用工具和设备。

5. 能遵照相关法律法规独立完成40000km花冠车辆维护后的质量检验。

6. 能向客户移交车辆并解释已经完成的维护作业内容，及客户提出的维护工作相关问题。

7. 能自觉按照环保要求处理废旧零件、辅料及废弃的油液。

8. 能有效处理客户的抱怨及相关技术问题。

9. 能正确进行个人职业规划与定位，冷静处理工作中遇到的挫折。

10. 能在生产过程中进行观察、思考、积累和总结，提出自己的见解。

11. 能自学新技术、新知识，解决实际工作中遇到的问题，不断提高职业能力。

任务 4.1　火花塞检查与更换

4.1.1　相关知识

火花塞的功用是将上万伏的高压电引入燃烧室,并产生电火花点燃混合气,与点火系统和供油系统配合使发动机做功,在很大程度上共同决定着发动机的性能。

图 4-1　火花塞的基本结构

火花塞的基本结构如图 4-1 所示,其主要零件是绝缘体、壳体、接线螺杆和电极。绝缘体必须具有良好的绝缘性和导热性、较高的机械强度,能耐受高温热冲击和化学腐蚀,材料通常是 95% 的氧化铝瓷。壳体是钢制件,功能是将火花塞固定在气缸盖上。壳体六角螺纹的尺寸已纳入 ISO 国际标准。火花塞电极包括中心电极和侧电极,两者之间为火花间隙。间隙的大小直接影响着发动机的启动、功率、工作稳定性和经济性。合理的间隙与点火电压有关。电极材料必须具有良好的抗电蚀(火花烧蚀)和腐蚀(化学-热腐蚀)能力,并应具有良好的导热性。中心电极与接线螺杆之间是导体玻璃密封剂,既要能够导电,也要能承受混合气燃烧的高压,同时保证其密封性。

(1) 火花塞选型

火花塞的型号有几百种,为什么不能用一种标准的火花塞通用于各种发动机?为什么火花塞要通过"选型"才能与发动机匹配?回答这些问题必须从火花塞的热特性谈起。

众所周知,各种型号的发动机由于工作负荷、压缩比、转速、冷却方式和燃油标号的不同,其特性各异;即便是同一台发动机,在运转的全过程中,转速、负荷也随时变化。这些工作特性和工况上的差异集中体现在燃烧室内的热量和温度的变化。高功率发动机燃烧室的温度高于低功率发动机,高速时的温度高于怠速。火花塞的发火端伸入燃烧室,不同的发动机和发动机工况将导致发火端的工作温度不同。

由于各种发动机工作特性不同,没有一种标准的火花塞能够适应所有的发动机。因此必须要根据发动机的特性来选择相适应的火花塞,这就是火花塞的选型,如图 4-2 所示为 BOSCH 公司的 Super 火花塞。

图 4-2　BOSCH 公司的 Super 火花塞实物

选型的基本原则是:"热型"发动机(大功率、大压缩比、高转速)应选配"冷型"火花塞(裙部长度短、导热长度短);"冷型"发动机（小功率、小压缩比、低转速）应选配"热型"火花塞（裙部长度长、导热长度长），以维持火花塞的热平衡，使其工作温度保持在 500～850℃ 工作范围。

以上原则在实际应用时，还需结合地域路况、燃油成分等具体情况加以修正。如果车辆经常在地势平坦、路况较佳的地段（如高速公路）行驶，车辆常处于高速状态，发动机高负荷运转，根据选型原则应当选热值较高的冷型火花塞。如果同一车辆经常行驶在地形复杂、路况较差的地段，不得不低速行驶，发动机负荷降低，火花塞达不到自净温度，就可能因油污积炭造成发动机熄火，此种情况应选用低热值火花塞。前者如果采用 F7TC 型火花塞，那么后者就改用 F6TC 型火花塞。

汽油的成分对选型也有影响。通常为了提高汽油的辛烷值，常加入少量四乙铅作为抗爆添加剂。这种"有铅汽油"燃烧后产生的铅化物熔点较低，自净温度为 450℃。如果用无铅汽油，则为 500～520℃，这就要求火花塞的下限温度必须提高，此时应选用热值较低的热型火花塞。

此外，气候、温度、启动点火方式等因素也对火花塞的选型有影响。因此火花塞选型应该"具体情况具体分析。"

选型一般在发动机试验台架上进行。要经过积炭试验、自净试验和炽热试验，所有试验合格后，才能确定火花塞能否与发动机匹配。

(2) 品牌火花塞结构特点

世界上所有火花塞，因产品装配所采用的密封工艺不同而分成两大流派：一派是以 BOSCH 为代表的采用热收缩密封工艺；另一派是以 CHAMPION 和 NGK 为代表的采用滑石粉密封工艺。两大流派各有千秋，瓜分了世界火花塞市场。

由于两种工艺方法迥异，产品结构也因之不同，各火花塞厂家也各有独特的设计，使市场上的火花塞形形色色，层出不穷。现对几种名牌火花塞的结构特点做简要的叙述。

① BOSCH 火花塞　由于采用热收缩密封工艺，壳体六角部位下方有薄壁膨胀槽，铆边时大电流通过壳体，此部位电流密度最大，因而被加热软化，同时因受压而收缩。在绝缘体与壳体之间的内密封垫圈也因受压而变形，构成火花塞的"外密封"——壳体与绝缘体之间的密封。

BOSCH 火花塞有 1400 余种型号规格，结构形式繁多，但具有代表性并得到广泛应用的有以下几种。

a. Super 火花塞。Super 火花塞（图 4-2）代表了 BOSCH 公司大部分的火花塞产品。其中心电极采用镍基合金包铜芯电极，热室容积较小，中心电极与侧电极都较为粗大，具有耐高温、高压、震动的特性。

Super 火花塞有三种火花间隙，因而有不同的三类：

ⅰ. 具有空气间隙，例如传统单侧极和多侧极火花塞。

ⅱ. 具有滑动空气间隙，电火花在绝缘体裙部表面滑动，再跳过气体间隙到达侧电极，例如 BOSCH 公司 HGR7KQC 型火花塞（图 4-3）。

ⅲ. 具有沿面间隙，跳火沿陶瓷表面进行（图 4-4），绝缘体没有裙部，是极冷型火花塞。

b. Super4 火花塞。Super4 火花塞有 4 个对称的侧电极（图 4-5），其断面冲成圆形，与表面镀银的铜芯电极的圆柱面构成空气间隙。弯曲后的侧电极下平面与绝缘体裙部端面有

 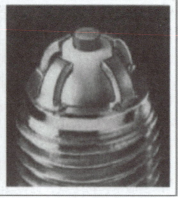 

图 4-3　BOSCH 公司 HGR7KQC 型火花塞　　　　图 4-4　具有沿面间隙的极冷型火花塞

0.4mm 的间隙，这是一种空气间隙和滑动空气间隙的复合。放电时，要么是空气跳火，要么是滑动空气跳火，因此 Super 4 火花塞有 8 条放电通道。如图 4-6 所示，若绝缘体裙部的某一点受到污染，该点局部场强增大，先发生放电，火花在污染点上滑动，再跳到侧电极，同时将污染物烧净，因而提高了自净能力，改善冷启动性能和怠速的工况。

图 4-5　Super4 火花塞的侧电极　　　　图 4-6　Super4 火花塞裙部受污染时的放电情况

c. 铂金+4 火花塞。如图 4-7 所示，火花塞绝缘体裙部内孔"嵌入"细小的铂金中心电极，其后是用特殊合金制成的接触杆。裙部周围有 4 个均匀分布的经过两次弯曲的侧电极。放电时火花首先在绝缘体裙部表面滑动，再从裙部跳过空气间隙，达到侧电极。中心电极与侧电极之间的间隙为 1.6mm，具有极佳的点火可靠性和冷启动性能。

d. 钇金火花塞。这是 BOSCH 公司的最新产品。由于采用钇镍合金代替镍基合金，制成复合铜芯中心电极和铜芯侧电极，火花塞的使用寿命提高了近 2～3 倍。侧电极前端被切成锥形，与火核的接触面较小，消焰作用也因此降低，增强火花的能量；同时加大电荷聚集效应，改善点火通路，提高点火成功率和点火效率。

② Denso 火花塞　Denso 火花塞的密封工艺与 BOSCH 相同，其结构十分近似。值得一提的是 Denso 于 1997 年 4 月率先开发了长寿命的铱合金火花塞。一年之后，第一次采用

0.4mm极细直径铱合金中心电极，使电极的尖端放电效应更强烈，可以降低点火电压，加大火花间隙，在寒冷冬季也能轻易启动，在高转速、高压缩比的工况下依然有良好的点火性能。

侧电极开"U"形槽是Denso的另一项原创技术（图4-8）。如前所述，为了提高火花的能量，必须有足够的空间让火核成长扩大。常用的方法是增大火花间隙，但却提高了点火电压，会加重点火线圈和分火线的负担。Denso的带U形槽侧电极，在不改变原有火花间隙的情况下，扩大了空间，让火核长大，同时侧电极切成锥形，可以使电荷集中在沟槽内，大大提高点火效率。

③ CHAMPION火花塞 CHAMPION火花塞（图4-9）采用滑石粉密封工艺。外密封是在壳体内孔和绝缘体圆柱之间填压滑石粉实现的。由于无需加热，壳体不受热氧化、腐蚀的影响，表面镀层不被破坏，同时也消除由于热或机械引起的应力而造成的绝缘体组件的损坏。

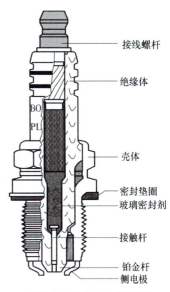

图4-7　铂金＋4火花塞

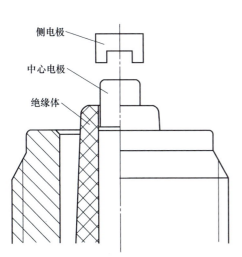

图4-8　Denso火花塞侧电极上的"U"形槽

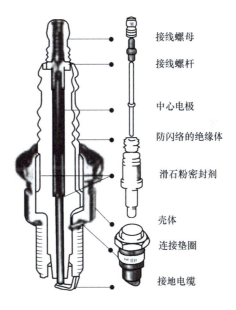

图4-9　CHAMPION火花塞

CHAMPION火花塞绝缘体组件（包括中心电极、接线螺杆）的密封（称"内密封"）不采用导体玻璃密封剂，仍采用填压滑石粉实现。中心电极尾部很长，直接与接线螺杆连接，因而具有良好的导电性和导热性。值得提出的是，铜芯侧电极是CHAMPION的首创。1988年该公司率先开发出工艺难度很高的铜芯侧电极，制造了世界第一只双铜芯电极火花塞。此项技术使侧电极的导热性大为提高，其工作温度根据发动机转速不同可降低50～150℃，这就使火花塞获得两个极为重要的优点：

第一，减少由于侧电极过热而引起的提前点火的可能性。

第二，减少电极的烧蚀。因为电极的烧蚀量随温度上升迅速增加，其过程是按指数方式进行的。电极温度降低,烧蚀减少,将延缓火花间隙的扩大,使发动机工作平稳。

④ NGK 火花塞　NGK 火花塞（图 4-10）同样采用滑石粉密封工艺。与 CHAMPION 不同的是,在外密封的滑石粉圈上各有一个挡粉的钢丝圈,使滑石粉不易因震动而逸出,确保动态密封可靠。

插入式铜芯中心电极是 NGK 火花塞的一大特点。这种电极是 NGK 火花塞技术部长森田隆之于 1958 年提出的,1962 年应用于生产,至 1966 年才得以完善。这种铜芯电极的尾端有一个小孔,插入一段铜线材,并与接线螺杆连接。发火端所吸收的一部分热量将迅速由铜线材传出,有助于拓宽火花塞的热值。

(3) 重视火花塞的正确安装

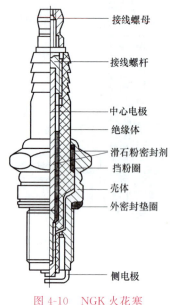

图 4-10　NGK 火花塞

火花塞如何装上发动机气缸盖？这个问题看似简单,也常被人们忽视,殊不知安装方法正确与否与火花塞能否正常使用关系重大。有些人在安装火花塞时常常不用扭矩扳手,因而火花塞常被拧得过紧,造成铁壳在螺纹根部或膨胀槽部位横向断裂；有些则将火花塞拧得过松,甚至用手拧紧就算了,使火花塞外密封垫圈变形不够或根本没有变形,导致发动机工作时漏气、功率下降,更严重的是阻断了散热通道,使火花塞从燃烧室吸收的热量不能传出。热量的积聚使火花塞内部温度剧增,将发火端（包括绝缘体裙部、中心电极、侧电极）烧毁,有时甚至将绝缘体内孔连接中心电极和接线螺杆的导体玻璃密封剂融化,接线螺杆被燃烧室的高压气体喷射而出,十分危险。

某用户使用 K7RTC 型火花塞,中心电极全部烧毁,侧电极也熔成焊渣。但仔细观察该火花塞可以看出,外密封垫圈一点也没变形,厚度仍保持在出厂时的 1.8mm 左右,垫圈的密封弧面完好如新,没有受压的痕迹,可见该火花塞安装扭矩严重不足。另一个用户使用 T5RTC 型锥座火花塞,其绝缘体裙部、中心电极均被烧毁,侧电极也被烧熔,只剩下根部。铁壳的镀镍表面全被熏黑。仔细观察该火花塞,可以看到安装座（锥面）没有任何擦痕,说明火花塞没有被旋紧,燃烧室内的混合气沿螺纹泄出,整个铁壳表面被熏黑。这两起投诉都是没有正确安装火花塞,安装扭矩严重不足,外密封垫圈没有变形或锥座面没有紧密接触,致使火花塞热量传导受阻,发火端温度太高,导致烧损（图 4-11）。

图 4-11　火花塞烧损情况

图 4-12 表明火花塞散热通道和散热量。火花塞从发动机燃烧室吸收的热量大部分通过热传导散发,一小部分（约 20%）被气缸吸入的新鲜混合气冷却。最主要的散热通道是：由中心电极→绝缘体密封面→内密封垫圈→铁壳,再从铁壳的螺纹传入气缸盖；另一部分从铁壳的大圆柱端面经外密封垫圈传入气缸盖,此通道散发的两部分热量加起来约占 72%。

热值越低的火花塞,裙部长度越长,经由铁壳大圆柱端面、外密封垫圈传入气缸盖的热量越多。前述的 T5RTC 锥座火花塞,其裙部长度已超过螺纹长度,从燃烧室吸收的热量大部分从锥座面传至气缸盖(图 4-13),若火花塞安装扭矩不足,锥座表面不能紧密接触,则极易产生过热烧损。

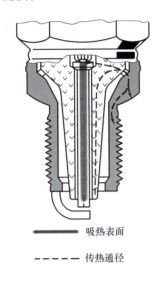

图 4-12　火花塞散热通道

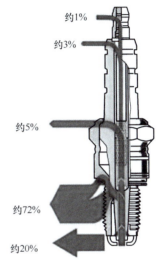

图 4-13　火花塞散热量

火花塞发火端烧损也可能由于热值不匹配、裙部过热、发生早期点火而引起,但与上述由于安装扭矩不足、热传导受阻引起发火端烧损的情况是不同的。如果是后者,判断的依据有两点:其一是外密封垫圈没有变形或变形明显不足,密封面未被压平;其二是火花塞铁壳镀镍层从螺纹部位开始至铆边口被泄漏的混合气熏黑。前者一般没有这种情况发生。

NGK 火花塞的另一个结构特点是中心电极开 V 形槽。V 形槽改变了电极的点火特性。有实验表明,如果给予相同的点火能量,V 形槽电极比平电极的击穿电压低,即火花能量中的电容成分比例减少,电感成分比例增加。如前所述,火花的电感部分是热量的主要来源,火花的热量增加了,点火性能就提高了。另外,V 形槽使放电发生在中心电极外围,温度场的分布(图 4-14)有利于增强点火和提高火焰的传播速度,这就是 V 形槽电极的点火性能优于普通平电极的原因。

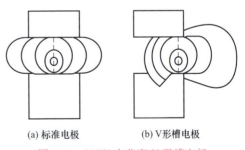

(a) 标准电极　　　(b) V 形槽电极

图 4-14　NGK 火花塞 V 形槽电极

4.1.2　任务实施

① 安装之前,必先检查火花塞及发动机的支承面,应将其擦拭干净。

② 安装时,先用手将火花塞旋入气缸盖,直到手拧不动为止,然后再使用扭矩扳手。

③ 安装扭矩的大小与火花塞螺纹直径、安装座形式(平座或锥座)、气缸盖材料(铝合金或铸铁)等因素有关,见表 4-1。

汽车维护与保养

表 4-1 火花塞的安装扭矩

火花塞安装座形式	螺纹	安装扭矩值/N·m	
		铝合金气缸盖	铸铁气缸盖
平座(有垫圈)	M10×1.0	15	15
	M12×1.25	25	25
	M14×1.25	30	40
	M18×1.5	40	45
锥座(无垫圈)	M14×1.25	20	20
	M18×1.5	30	30

④ 使用扭矩扳手（先按表 4-1 调整好扭矩），旋紧达到相应的扭矩值后，再继续旋转一定的角度。

新的平座型火花塞，旋紧达到相应的扭矩值后，再继续旋转约 90°。

平座型火花塞，旋紧达到相应的扭矩值后，再继续旋转约 30°。

锥座型火花塞，旋紧达到相应的扭矩值后，再继续旋转约 15°。

⑤ 无论是拧紧还是旋松火花塞，套筒扳手都不能倾斜，否则绝缘体受损或被压歪，火花塞无法使用。

⑥ 若使用带有活动芯杆的套筒扳手，芯杆的孔必须置于火花塞的上方，以便芯杆完全插入套筒扳手内，孔太深或芯杆插入太浅，都会损坏火花塞。

拆卸火花塞应注意以下两点：

a. 先将火花塞旋出几个螺牙，用压缩空气或毛刷清洁火花塞周围凹槽，以防污垢落入气缸盖螺纹孔中或燃烧室内，然后再将火花塞拆下。

b. 如若火花塞难以旋动，先旋一两牙，以免因螺牙"咬死"而损坏气缸盖，然后在螺纹处滴入油或含油溶剂，再将火花塞重新旋入，等几分钟后再试着将火花塞旋下来。

4.1.3 拓展与延伸

火花塞适时跳火点燃混合气是影响发动机动力性、经济性以及环保特性的重要因素之一。而火花塞的准确跳火性能及能量的大小又是点火系统控制的。目前汽车上所采用的点火系统大多数为电感储能的点火系统，早期汽车上使用的传统蓄电池点火系统即为典型的电感储能点火系统，由于电子技术的不断发展，现在汽车上的点火系统已为电子点火系统或微机控制点火系统所取代，但不管是传统点火系还是电子点火系，其点火的基本原理是相同的。

（1）传统蓄电池点火系统

传统点火系统虽然在汽车上应用的历史悠久，但由于传统点火系本身存在的固有的缺点，使其性能满足不了现代发动机对点火系统的要求，所以目前已处于淘汰的阶段，取而代之的是各种类型的电子点火系统。电子点火系统在发动机高速时的点火性能、点火能量方面有了很大的改善，提高了启动时的点火性能，同时还使无线电干扰减小。达到或基本达到了现代发动机对点火系统的要求。

传统点火系统的组成如图 4-15 所示，它主要由蓄电池、点火开关、点火线圈和火花塞等组成。蓄电池供给点火系统所需要的电能。点火开关接通或断开点火系统电源。点火线圈存储点火能量，并将蓄电池电压转变为点火高压。分电器由断电器和点火提前机构等部分组成。断电器的作用是接通或切断点火线圈初级回路；配电器的作用是将点火线圈产生的点火高压，按照发动机的工作顺序输送给各缸火花塞；点火提前机构的作用是随发动机转速、负荷和汽油辛烷值变化调节点火提前角。火花塞将点火高压引入气缸燃烧室，并在电极间产生电火花，点燃混合气。

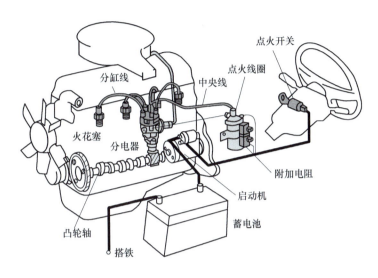

图 4-15 传统点火系统的组成

传统点火系统的基本工作原理如图 4-16 所示。当点火开关接通、发动机运转时，分电器轴和断电器凸轮在发动机凸轮轴的驱动下旋转，使断电器触点交替地闭合和打开。在触点闭合时，点火线圈的初级绕组形成回路，产生初级电流 i_1，初级电流所流过的电路称为低压电路。低压电路的路径是：蓄电池正极→电流表→点火开关→点火线圈"+开关"接线柱→附加电阻 R_f→点火线圈"-开关"接线柱→点火线圈初级绕组 W_1→点火线圈"-"接线柱→断电器触点 K→搭铁→蓄电池负极。初级电流在初级绕组 W_1 中逐渐增大至某一值并建立较强的磁场。当触点打开

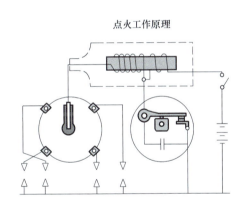

图 4-16 传统点火系统的基本工作原理

时，初级电路被切断，初级电流及磁场迅速消失，由电磁感应定律 $e=d\phi/dt=-Ldi/dt$ 可知，在两个绕组中都感应出电动势。由于初级电流迅速消失，变化率 di/dt 很大，在初级绕组中，可感应出 200～300V 的自感电动势 U_1。由变压器原理可知：$U_2/U_1=W_2/W_1$，次级电压 $U_2=U_1W_2/W_1$。由于次级绕组 W_2 的匝数多，因而在次级绕组内就感应出 15～20kV 的互感电动势 U_2，U_2 称为次级点火高压，U_2 通过高压线输送给火花塞。击穿火花塞的电极间隙产生火花，点燃混合气。从点火线圈到火花塞的电路称为高压电路，高压电路的路径是：次级绕组 W_2→附加电阻→"+开关"接线柱→点火开关→电流表→蓄电池→搭铁→火花塞侧电极→中心电极→配电器（旁电极、分火头）→次级绕组 W_2（i_2 用虚线表示）。

与触点并联的电容器 C 的作用是减少触点烧蚀,延长触点寿命,并提高次级电压。当触点打开时,初级绕组中产生的自感电动势向电容器迅速充电,开始充电时,电容器两端电压为零,随着充电低压的不断提高,触点间隙逐渐增大,在触点间已不易形成电火花。同时触点打开后,初级绕组和电容器形成一个衰减振荡回路,使初级电流迅速切断,加速磁场消失,有利于次级低压的提高。

(2) 电子控制点火系统

电子控制点火系统主要由监测发动机运行状态的传感器,处理信号、发出指令的 ECU 和响应指令的点火器以及点火线圈等组成。

如图 4-17 所示,由点火开关 AM_2 端子提供的电源同时进入点火器的"+B"接柱和点火线圈的"+"端子,向点火器和点火线圈的初级线圈通电,该电流从点火线圈的"-"端子流出,由点火器的"C-"接柱流入点火器搭铁,从而形成初级电流。而后 ECU 根据转速信号(Ne)和曲轴位置信号(G_1、G_2)、进气歧管真空度(或进气流量)信号以及启动开关信号等计算最佳点火提前角,通过"IGT"端向点火器输出点火正时信号,控制点火器"C-"搭铁切断的时刻,与此同时,在点火线圈的次级线圈产生很高的感应电动势,经分电器送至工作气缸的火花塞,点火能量被瞬间释放,并迅速点燃气缸内的混合气,发动机完成做功过程。点火器的"IGF"向 ECU 反馈点火确认信号,当 ECU 接受不到该信号时,便切断燃油喷射,使发动机熄火。

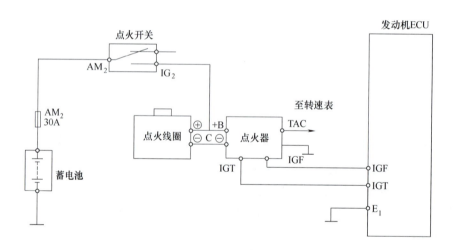

图 4-17 点火控制电路

在电子控制的点火系统中,电控单元(ECU)不仅可以产生一个点火信号,而且还可以对点火信号的位置(决定点火时刻)和形状(决定初级回路闭合角的大小)进行控制。在发动机控制系统中,点火控制包括点火提前角的控制、通电时间(闭合角)控制和防爆震控制三个方面。

① 点火提前角的控制　ECU 根据汽油机的各种工况信号对点火时刻进行控制。首先根据发动机的转速和进气压力信号从存储器存储的数据中找到相应的基本点火提前角,然后根据有关传感器信号值加以修正,得出实际的点火提前角。实际点火提前角由三部分组成:初始点火提前角、基本点火提前角和修正点火提前角。点火提前角的修正:暖机修正、过热修正、空燃比反馈修正、急速稳定性的修正。

② 闭合角的控制　点火线圈的通电时间就是它以建立磁场的形式蓄积点火能量的时间，这段时间所对应的曲轴转角叫做闭合角。通电时间控制的原则是在不影响火花放电的前提下，保证点火线圈有足够的时间蓄积能量而又不会造成过热损失和破坏。

③ 防爆震控制　当发生剧烈爆震时，发动机各部分温度上升，使输出功率下降，严重时还会引起活塞烧结、活塞环粘着、轴承破坏和气门烧蚀等。推迟点火可以减轻甚至避免爆震，爆震控制的目的就是根据爆震传感器的信号调整点火时刻使汽油发动机工作在临界爆震状态。

系统各组成部分及其功能如表 4-2 所示。

表 4-2　电子控制点火系统各组成部分及其功能

组件		功能
传感器	空气流量计	检测进气歧管压力或进气量，向 ECU 输出信号
	进气压力传感器	
	曲轴位置传感器　Ne 信号	检测曲轴角度或发动机转速，向 ECU 输出信号
	G_1、G_2 信号	检测凸轮轴、曲轴角度基准位置，向 ECU 输出信号
	节气门位置传感器	向 ECU 输出点火提前角修正信号
	水温传感器	检测发动机冷却水温度，向 ECU 输出点火提前角修正信号
	启动开关（启动信号）	向 ECU 输出发动机正在启动中的信号
	空调开关（A/C）	向 ECU 输出空调的工作状态信号
	车速传感器	检测车速，向 ECU 输出车速信号
	空档启动开关	检测换挡手柄置于 N 挡或 P 挡
	爆震传感器	检测发动机爆震信号
ECU		根据各传感器输入信号，计算出最佳点火提前角，并将点火控制信号送给点火控制器
执行器	点火器	根据 ECU 输出的点火控制信号控制点火线圈初级电路的通断，产生次级高压。同时向 ECU 反馈点火确认信号

任务 4.2　空调系统检查与维护

4.2.1　相关知识

（1）汽车空调的基本结构

目前汽车的空调系统根据车辆的配置不同，所具备的装置也有所不同，一般低档汽车只有暖风和通风装置，中高档汽车一般都具备制冷和空气净化装置。图 4-18 为空调系统的组成部件在车上的布置，图 4-19 为空调系统主要零部件名称。

空调系统控制有手动控制和自动控制之分，手动空调需要驾驶员通过旋钮或拨杆对控制对象进行调解，如改变温度等。自动空调只需驾驶员输入目标温度，空调系统便可按照驾驶员的设定自动进行调节。图4-20为典型的手动控制空调系统的控制面板。图4-21为典型的自动控制空调系统的控制面板。

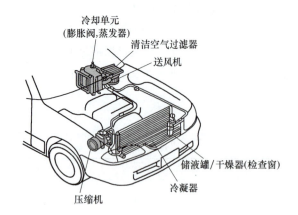

图4-18 空调系统的组成部件在车上的布置

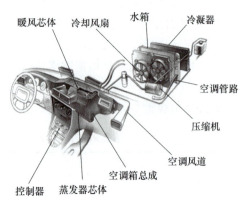

图4-19 空调系统主要零部件名称

图4-20 手动空调的控制面板

图4-21 自动空调的控制面板

① 压缩机　压缩机的作用是将从蒸发器出来的低温、低压的气态制冷剂通过压缩转变为高温、高压的气态制冷剂，并将其送入冷凝器。目前在汽车空调系统中所采用的压缩机有多种类型，比较常见的有斜盘式压缩机、叶片式压缩机、涡旋式压缩机、曲轴连杆式压缩机等。此外，压缩机还可分为定排量和变排量的两种形式，变排量压缩机可根据空调系统的制冷负荷自动改变排量，使空调系统运行更加经济。

现以旋转斜盘式压缩机为例进行说明。

结构：旋转斜盘式压缩机的结构见图4-22，这种压缩机通常在机体圆周方向上布置有6个或者10个气缸，每个气缸中安装一个双向活塞形成6缸机或10缸机，每个气缸两头都有进气阀和排气阀。活塞由斜盘驱动在气缸中往复运动，活塞的一侧压缩时，另一侧则为进气。

工作过程：旋转斜盘式压缩机的工作过程见图4-23，压缩机轴旋转时，轴上的斜盘同时驱动所有的活塞运动，部分活塞向左运动，部分活塞向右运动。图中的活塞在向左运动中，活塞左侧的空间缩小，制冷剂被压缩，压力升高，打开排气阀，向外排出，与此同时，活塞右侧空间增大，压力减小，进气阀开启，制冷剂进入气缸。由于进、排气阀均为单向阀结构，所以保证制冷剂不会倒流。

② 冷凝器　冷凝器的作用是将压缩机送来的高温、高压的气态制冷剂转变为液态制冷剂，制冷剂在冷凝器中散热而发生状态的改变。因此冷凝器是一个热交换器，将制冷剂在车内吸收的热量通过冷凝器散发到大气当中。

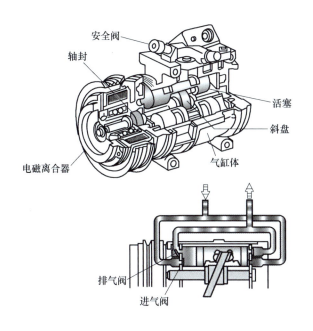

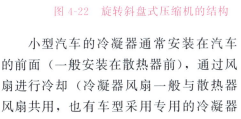

图 4-22 旋转斜盘式压缩机的结构

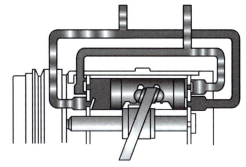

图 4-23 旋转斜盘式压缩机的工作过程

小型汽车的冷凝器通常安装在汽车的前面（一般安装在散热器前），通过风扇进行冷却（冷凝器风扇一般与散热器风扇共用，也有车型采用专用的冷凝器风扇）。

冷凝器的结构如图 4-24 所示，主要由管路和散热片组成，有一个制冷剂的进口和一个出口。

③ 储液干燥器　储液干燥器用于膨胀阀式的制冷循环，其作用如下。

a. 暂时存储制冷剂，使制冷剂的流量与制冷负荷相适应。

b. 去除制冷剂中的水分和杂质，确保系统正常运行（如果系统中有水分，有可能造成水分在系统中结冰，堵塞制冷剂的循环通道，造成故障。如果制冷剂中有杂质，也可能造成系统堵塞，使系统不能制冷）。

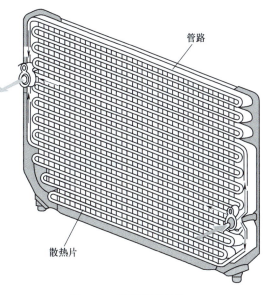

图 4-24 冷凝器的结构

c. 部分储液干燥罐上装有观察玻璃，可观察制冷剂的流动情况，确定制冷剂的数量。

d. 有些储液干燥罐上装有易熔塞，在系统压力、温度过高时，易熔塞熔化，放出制冷剂，保护系统重要部件不被破坏。

e. 还有些储液干燥罐上安装有维修阀，供维修制冷系统安装压力表和加注制冷剂之用。

f. 有些车型的储液干燥罐上装有压力开关，可在系统压力不正常时，中止压缩机的工作。

储液干燥器的结构如图 4-25 所示，干燥器内有滤网和干燥器，罐的上方有观察玻璃及进口和出口。

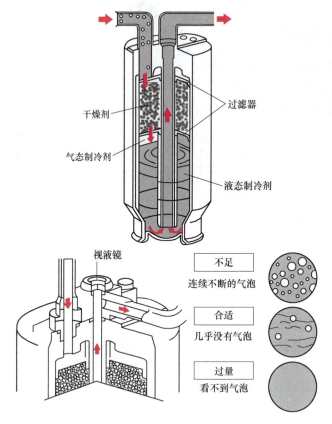

图 4-25 储液干燥器的结构

④ 蒸发器　蒸发器也是一个热交换器，膨胀阀喷出的雾状制冷剂在蒸发器中蒸发，吸收通过蒸发器空气中的热量，使其降温，达到制冷的目的，在降温的同时，溶解在空气中的水分也会由于温度降低凝结出来，蒸发器还要将凝结的水分排出车外。蒸发器安装在驾驶室仪表台的后面，其结构如图 4-26 所示，主要由管路和散热片组成，在蒸发器的下方还有接水盘和排水管。

空调制冷系统工作时，鼓风机的风扇将空气吹过蒸发器，空气和和蒸发器内的制冷剂进行热交换，制冷剂气化，空气降温，同时空气中的水分凝结在蒸发器的散热片上，并通过接水盘和排水管排出车外。

⑤ 调节装置　空调的调节装置有手动调节和自动调节之分，为说明调节装置的工作情况，现以手动调节说明空调调节装置的工作情况。手动空调的调节包括温度调节、出风口位置调节、鼓风机风速调节和空气的内外循环调节等。

空调控制面板上有温度调节、气流选择、鼓风机速度、空气进气选择（内外循环选择）、空调开关（A/C）和运行模式选择开关。其中温度调节、气流选择、空气进气选择是通过气道中的调节风门实现的（图 4-27），空调开关和运行模式选择开关、鼓风机速度选择是通过电路控制实现。空调控制面板到调节风门的控制方式有拉线式和电动式，见图 4-28。

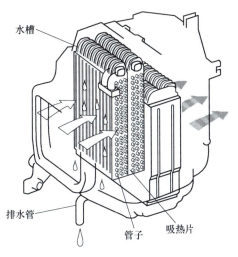

图 4-26 蒸发器

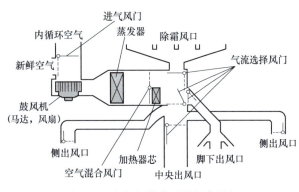

图 4-27 空调调节装置的调节风门

a. 温度调节 目前小车的空调系统基本上都是冷气和暖风都采用一个鼓风机,温度调节采用冷暖风混合的方式,在空气的进气道中,所有的空气都通过蒸发器,用一个调节风门控制通过加热器芯的空气量,通过加热器芯的空气和未通过加热器的空气混合后形成不同温度的空气从出风口吹出,实现温度调节。在空调的控制面板上设有温度调节拨杆或旋钮,用来改变调节风门的位置。温度调节风门的位置见图 4-29～图 4-31。

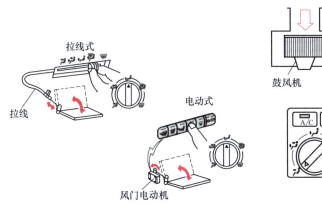

图 4-28 空调调节风门的控制方式　　　　图 4-29 温度调节风门在冷的位置

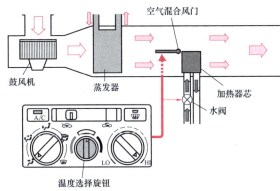

图 4-30 温度调节风门在中间的位置

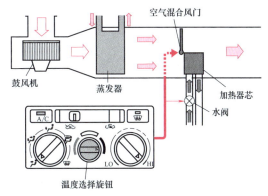

图 4-31 温度调节风门在热的位置

b. 气流选择调节　现代轿车空调系统的出风口分别设置了中央出风口、边出风口、脚下出风口和风挡玻璃除霜出风口等不同的出风口，可以根据需要，选择不同的出风口出风，这种功能是通过控制面板上的气流选择调节拨杆或旋钮进行调节，调节的情况见图 4-32～图 4-36。

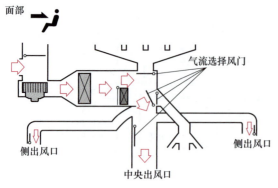

图 4-32　面部出风位置

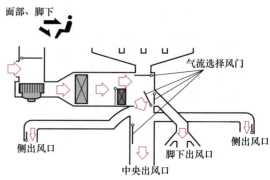

图 4-33　面部和脚下出风位置

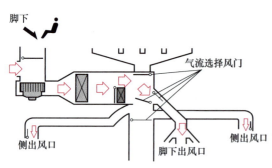

图 4-34　脚下出风位置

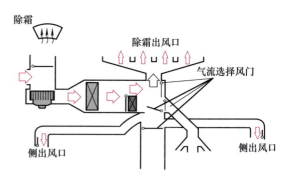

图 4-35　除霜位置

c. 空气进气选择调节　空气调节系统可以选择进入车内的空气是外部的新鲜空气还是车内的非新鲜空气，如果选择外部新鲜空气称为外循环，选择车内空气则称为内循环。这种选择可以通过控制面板上的内外循环选择按钮或拨杆控制进气口处的调节风门实现，见图 4-37。

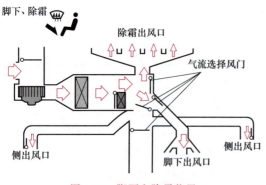

图 4-36　脚下和除霜位置

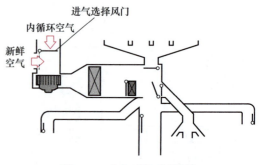

图 4-37　空气进气选择风门

d. 鼓风机转速的调节　鼓风机转速是通过在鼓风机电路中串入不同的电阻实现的，如图 4-38 所示，在鼓风机电路中串入 3 个电阻，通过开关控制，实现 4 个转速挡（空调控制面板上的 LO、2、3、HI）。如果将电阻改为电子控制，则可实现无级调速。

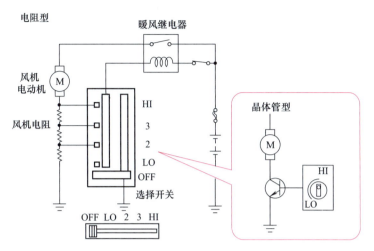

图 4-38　鼓风机转速的调节

⑥ 电磁离合器　电磁离合器安装在压缩机上，其作用是控制发动机与压缩机的动力传递，空调制冷系统工作时，使发动机能驱动压缩机运转，制冷系统停止运行时，切断发动机到压缩机的动力传递。

电磁离合器的结构如图 4-39 所示，主要包括压力板、皮带轮和定子线圈等主要部件，板与压缩机轴相连，皮带轮通过轴承安装在压缩机的壳体上，皮带轮通过皮带由发动机驱动，定子线圈也安装在压缩机的壳体上。

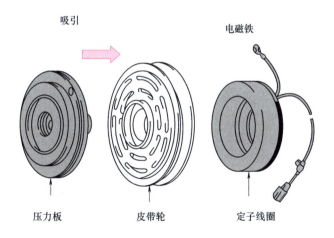

图 4-39　电磁离合器的结构

（2）汽车空调制冷工作原理

汽车空调制冷系统主要是由压缩机、膨胀阀、冷凝器、蒸发器和鼓风机等组成，其间各个部件之间采用高压橡胶管和钢管连接成一个密闭的系统，在制冷系统工作时，制冷剂会以不同的状态在这个空间里循环流动，并呈现不同的温度变化和压力循环（图 4-40 所示为制冷剂状态），而这样的循环又分为了四个过程（见图 4-41 所示汽车空调制冷工作原理）。

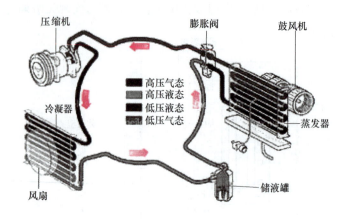

图 4-40　空调制冷过程中制冷剂的状态

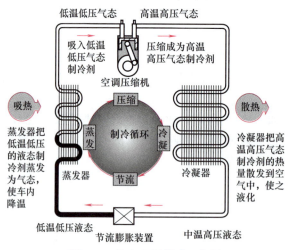

图 4-41　汽车空调制冷工作原理

① 压缩过程　压缩机吸入蒸发器出口处的低温低压的制冷剂气体,把它压缩成高温高压的气体排出压缩机的整个流程。

其实施机理是压缩机将蒸发器低压侧（温度约为 0℃、气压约为 0.15MPa）的低温低压气态制冷剂压缩成高温（约 70~80℃）、高压（约 1.5MPa）的气态制冷剂,送往冷凝器冷却降温。

② 散热过程　高温高压的过热制冷剂气体进入冷凝器,由于压力及温度的降低,制冷剂气体冷凝成液体,并排出大量的热量。

散热过程也称冷凝过程,此时,送往冷凝器的过热气态制冷剂,在温度高于外部温度很多时,向外散热进行热交换,制冷剂被冷凝成中温、压力约为 1.0~1.2MPa 的液态制冷剂。

③ 节流过程　温度和压力较高的制冷剂液体通过膨胀装置后体积变大,压力和温度急剧下降,以雾状（细小液滴）排出膨胀装置。

节流过程也称膨胀过程,此时,冷凝后的液态制冷剂经过膨胀阀使制冷剂流过空间体积增大,其压力和温度急剧下降,变成低温（约 -5℃）、低压（约为 0.15MPa）的湿蒸汽,以便进入蒸发器中迅速吸热蒸发。在膨胀过程中同时进行流量控制,以便供给蒸发器所需的制冷剂,从而达到控制温度的目的。

④ 吸热过程　雾状制冷剂液体进入蒸发器,因此时制冷剂沸点远低于蒸发器内温度,故制冷剂液体蒸发成气体。在蒸发过程中大量吸收周围的热量,而后低温低压的制冷剂蒸气又进入压缩机。上述过程周而复始的进行,达到降低蒸发器周围空气温度的目的。

此过程也称蒸发过程,使液态制冷剂通过膨胀阀变为低温低压的湿蒸气,流经蒸发器不断吸热汽化转变成低温(约为 0℃)、低压(约为 0.15MPa)的气态制冷剂,吸收乘室内空气的热量。从蒸发器流出的气态制冷剂又被吸入压缩机,增压后泵入冷凝器冷凝,进行制冷循环。

制冷循环就是利用有限的制冷剂在封闭的制冷系统中,周而复始地将制冷剂压缩、冷凝、膨胀、蒸发,在蒸发器中吸热汽化,对乘室内空气进行制冷降温。

(3) 制冷剂

制冷剂是制冷循环当中传热的载体,通过状态变化吸收和放出热量,因此要求制冷剂在常温下很容易汽化,加压后很容易液化,同时在状态变化时要尽可能多的吸收或放出热量(较大的汽化或液化潜热)。同时制冷剂还应具备以下的性质:不易燃易爆;无毒;无腐蚀性;对环境无害。

制冷剂的英文名称为 Refrigerant,所以常用其头一个字母 R 来代表制冷剂,后面表示制冷剂名称,如 R12、R22、R134a 等。

过去常用的制冷剂是 R12(又称为氟利昂),这种制冷剂各方面的性能都很好,但是有一个致命的缺点,就是对大气环境的破坏,它能够破坏大气中的臭氧层,使太阳的紫外线直接照射到地球,对植物和动物造成伤害。我国目前已停止生产用 R12 作为制冷剂的汽车空调系统。

R134a(1,1,1,2-四氟乙烷)是一种不含氯原子,对臭氧层不起破坏作用,具有良好的安全性能(不易燃、不爆炸、无毒、无刺激性、无腐蚀性)的制冷剂,其制冷量和效率与 R-12(二氯二氟甲烷,氟利昂)非常接近,所以被视为优秀的长期替代制冷剂。R134a 是目前国际公认的 R12 最佳的环保替代品。完全不破坏臭氧层,是当前世界绝大多数国家认可并推荐使用的环保制冷剂,也是目前主流的环保制冷剂,广泛用于新制冷空调设备上的初装和维修过程中的再添加。R134a 的毒性非常低,在空气中不可燃,安全类别为 A1,是很安全的制冷剂,物理性质如图 4-42 所示。

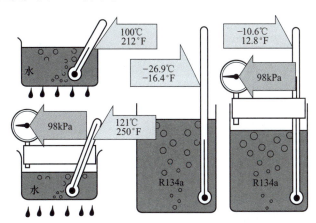

图 4-42　R134a 在不同压力下的沸点

4.2.2 任务实施

（1）空调系统的维护

空调系统维护应注意下列事项。

① 处理制冷剂时应注意的安全问题（见图4-43）

a. 不要在密闭的空间或靠近明火处处理制冷剂。

b. 必须戴防护眼镜。

c. 避免液体的制冷剂进入眼睛或溅到皮肤上。

d. 不要将制冷剂的罐底对着人，有些制冷剂罐底有紧急放气装置。

e. 不要将制冷剂罐直接放在温度高于40℃的热水中。

f. 如果液体制冷剂进入眼睛或碰到皮肤，不要揉，要立即用大量的冷水冲洗，要立即到医院找医生进行专业处理，不要试图自己进行处理。

② 在更换零件或管路时应注意的问题（见图4-43）

a. 用制冷剂回收装置回收制冷剂以便再次使用。

b. 在未连接的管路或零件要插上塞子，以免潮气、灰尘进入系统。

c. 对于新的冷凝器、储液干燥器等零件不要拔了塞子放置。

d. 在拔出新压缩机塞子之前要从排放阀放出氮气，否则在拔塞子时，压缩机油将随氮气一起喷出。

e. 不要用火焰加热进行弯管和管路拉伸。

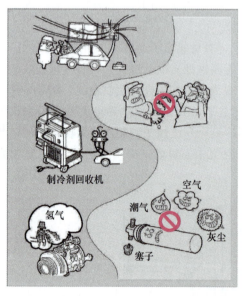

图4-43　处理制冷剂和更换零件时应注意的问题

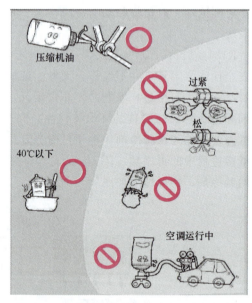

图4-44　开启补充制冷剂时应注意的问题

③ 在拧紧连接零件时应注意的问题

a. 滴几滴压缩机油到O形密封圈上可使紧固容易和防止漏气。

b. 使用两个开口扳手紧固螺母，防止管路扭曲。

c. 按规定的力矩拧紧螺母或螺栓。

④ 处理装有制冷剂的容器时应注意的问题

a. 不要加热制冷剂容器。

b. 容器要保持在40℃以下。

c. 当用温水加热制冷剂容器时,不允许将容器顶部的阀门浸入水中,防止水渗入制冷管路。

d. 空的一次性制冷剂容器禁止再次使用。

⑤ 在空调制冷系统开启补充制冷剂时应注意的问题(图4-44)

a. 如果制冷剂不足,有可能引起压缩机润滑不足,造成压缩机损坏,应注意避免这种情况发生。

b. 空调系统在运转时,如果开启高压阀将引起制冷剂倒流入制冷剂容器,使制冷剂容器破裂,因此只允许开启低压阀。

c. 如果将制冷剂容器倒置,制冷剂将以液态进入空调管路,造成压缩机液击,损坏压缩机,所以制冷剂必须以气态充入。

d. 制冷剂不要充入过量,否则将造成制冷不良、发动机经济性变差、发动机过热等故障。

(2) 空调系统的检查

① 直观检查(图4-45)

a. 检查空调出风口的出风量,如果出风量不足,检查进风滤清器,如有杂物清除。

b. 听压缩机附近是否有非正常的响声,如果有,检查压缩机的安装情况。

c. 检查冷凝器散热片片上是否有脏物覆盖,如果有将脏物清除。

d. 检查制冷循环系统的各连接处是否有油渍,如果有油渍,说明该处有泄漏,应紧固该连接处或更换该处的零件。

e. 将鼓风机开至低、中、高挡,听鼓风机处是否有杂音,检查鼓风机是否运转正常,如果有杂音或运转不正常,应更换鼓风机(鼓风机进入异物或安装有问题也会引起杂音或运转不正常,所以在更换之前要仔细检查)。

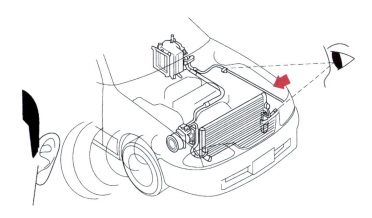

图4-45 直观检查

② 检查制冷剂的数量 检查制冷剂的数量有两种方法,一种是通过系统中安装的视液镜检查,另一种是通过检测系统压力检查。

a. 通过视液镜检查制冷剂的数量

检查条件:发动机转速为1500r/min。

鼓风机速度控制开关处于"高"位。
空调开关"开"。
温度选择器为"最凉"。
完全打开所有车门。
检查制冷剂的数量（图4-46）：
正常：几乎没有气泡这说明制冷剂量正常。
不足：有连续的气泡，这说明制冷剂量不足。
空或过量：看不到气泡，这说明制冷剂储藏罐是空的或制冷剂过量。
b. 通过检查系统的压力检查制冷剂的数量
连接歧管压力表：将歧管压力表的高低压开关全部关闭（图4-47）。

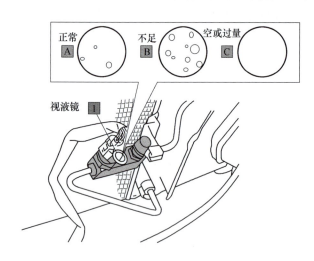

图4-46 检查制冷剂的数量

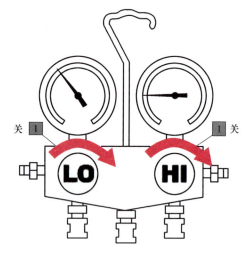

图4-47 关闭歧管压力表的高低压开关

把加注软管的一端和歧管气压计相连，另一端和车辆侧的维修阀门相连（图4-48）。
蓝色软管→低压侧。
红色软管→高压侧。
注意：
连接时，用手而不要用任何工具紧固加注软管；
如果加注软管的连接密封件损坏，更换；
由于低压侧和高压侧的连接尺寸不同，连接软管时不要装反；
软管和车侧的维修阀门连接时，把快速接头接到维修阀门上并滑动，直到听到"咔嗒"声；
和多功能表连接时，不要弄弯管道。
检查制冷系统的压力：启动发动机，在空调运行时检查歧管气压计所显示的压力。
规定压力读数（图4-49）：
低压侧，0.15～0.25MPa（1.5～2.5kgf/cm^2）；
高压侧，1.37～1.57MPa（14～16kgf/cm^2）。
提示：多功能表所示压力随外部空气温度而有轻微的变化。
③ 检查制冷剂的泄漏　如图4-50所示，用检漏计检测主要可能的泄漏部位。

④ 空调制冷功能的检查　空调制冷功能的检查车型不同，检查的方法也有所差异，下面以丰田车为例介绍检查的方法（不同车型的检查方法，可参照该种车型的修理手册）。

a. 将车放在荫凉处。

b. 预热发动机到正常温度，将车门全开，气流选择为面部出风，进风选择为内循环，鼓风机速度选择最大，温度选择最冷，在发动机转速为1500r/min的情况下开启A/C开关，5～6min后测试进风口的湿度和温度及出风口的温度（图4-51）。

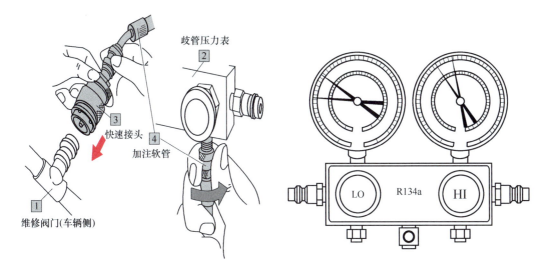

图4-48　连接歧管气压计　　　　　　　　图4-49　制冷系统的规定压力读数

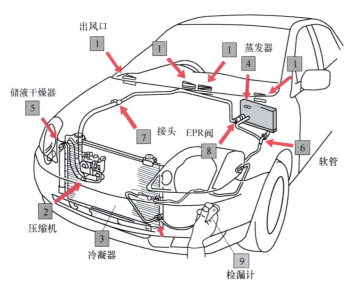

图4-50　主要可能泄漏的部位

c. 用进风口处的干、湿球温度按图4-52（上）中的图表查出相对湿度，再算出进风口和出风口的温度差，检查是否在图4-52（下）中的可接受范围内，如果在其范围内，则说明制冷性能良好。

（3）制冷剂的加注

制冷剂加注工作分为两种：一种是制冷系统内部制冷剂不足，进行补充；另一种是制冷

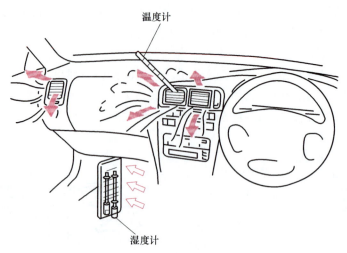

图 4-51 测试进风口的温度和湿度及出风口的温度

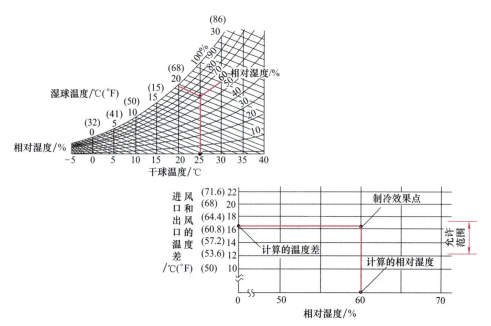

图 4-52 用干、湿球温度查相对湿度和判断空调性能

系统中无制冷剂,重新加注。如果制冷剂不足,需检查系统是否有泄漏的地方,在确认系统无泄漏后,可进行补充。如果空调系统更换了零件或因其他原因制冷剂全部漏光,则需重新加注,重新加注制冷剂时应先对系统进行抽真空作业,以抽去制冷循环系统的水分,防止因水结冰堵塞制冷系统的管路。下面介绍重新加注制冷剂的步骤。

① 按前述安装歧管压力表,将绿色的软管的一端接压力表的中部,另一端接真空泵,如图 4-53 所示。

② 打开歧管气压表高压侧和低压侧两侧的阀门,开启真空泵抽空,抽空至歧管气压表低压侧显示为 750mmHg 或更高,保持 750mmHg 或更高的显示压力抽空 10min,如图 4-54 所示。

③ 关闭歧管气压表高压侧和低压侧两侧的阀门,关停真空泵(图 4-55)。

项目4　汽车40000公里维护

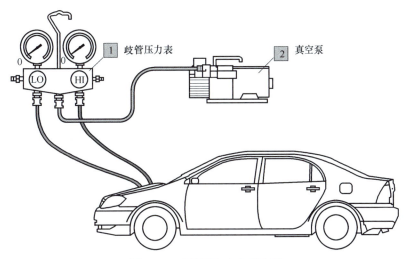

图 4-53　连接压力表和真空泵

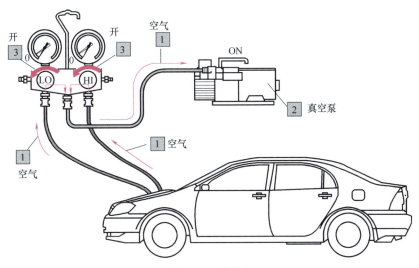

图 4-54　抽真空

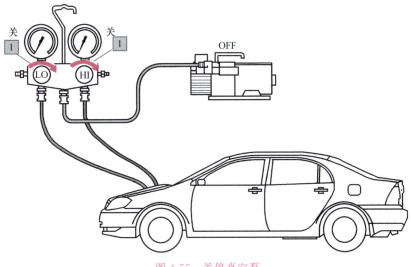

图 4-55　关停真空泵

注意：如果关停真空泵时两侧的阀门（高压侧和低压侧）都开着，则空气会进入空调系统。

④ 检查系统密封性：真空泵停止后，高压侧和低压侧两侧的阀门关闭5min 歧管气压表的读数应保持不变（图4-56）。

提示：如果显示压力增加，则有空气进入空调系统，检查O形圈和空调系统的连接状况。

注意：如果抽空不足，空调管道内的水分会冻结，这将阻碍制冷剂的流动并导致空调系统内表生锈。

⑤ 安装制冷剂罐（图4-57）。

a. 连接阀门和制冷剂罐。检查加注罐连接部件的盘根，逆时针转动手柄升

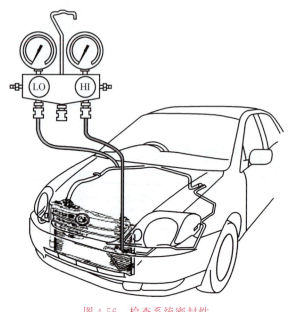

图4-56 检查系统密封性

起针阀，逆时针转动阀盘升起阀盘。

注意：要在针阀升起前安装加注罐，否则针阀会插进加注罐从而导致制冷剂泄漏。把阀门旋进加注罐直到和盘根紧密接触，然后紧固阀盘以卡住阀门。

注意：不要顺时针转动手柄，否则针将插进加注罐，从而导致制冷剂泄漏。

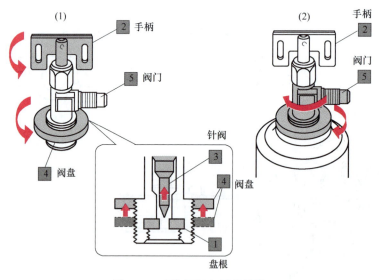

图4-57 连接阀门和制冷剂罐

b. 把加注罐安装到歧管气压表上（图4-58）。

完全关闭歧管气压计低压侧和高压侧的阀门。

把制冷剂罐安装到歧管气压计中间的绿色加注软管。

顺时针转动手柄直到针阀在制冷剂罐上钻个孔。

逆时针转动手柄退出针阀。

按下歧管气压计的空气驱除阀放出空气直到制冷剂从阀门释出。

注意：如果用手按下气体驱除阀，释放出的空调气体就会沾到手上等处，从而冻伤，因此要用螺丝刀等按住阀门。

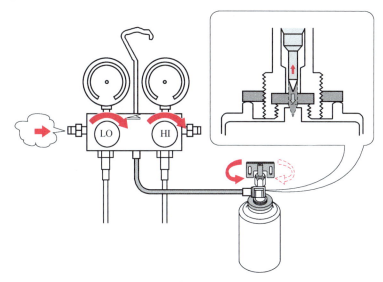

图 4-58　把加注罐安装到歧管气压表上

⑥ 从高压侧加注制冷剂（图 4-59）发动机不工作时，打开高压侧阀门加入制冷剂直到低压表到大约 0.98MPa（1kgf/cm^2），加注后，关闭阀门。

注意：一定不要让压缩机工作，空调压缩机运行时，不从低压侧加注将导致空调压缩机缺油拉伤；也不要打开低压侧阀门，制冷剂在空调压缩机内通常为气体状态，如果从高压侧加注而低压侧阀门开着，液态制冷剂进入低压侧，此时若空调压缩机开始工作就会出现液击而损坏。

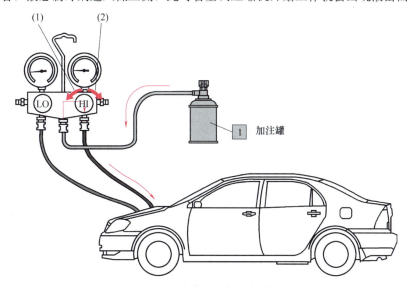

图 4-59　从高压侧加注制冷剂

⑦ 检查漏气（图 4-60）。用电子检漏计按图示的部位检测系统漏气的情况。

⑧ 从低压侧加注制冷剂。关闭高压侧阀门后，启动发动机并运行空调（图 4-61），打开歧管压力计，加入规定量的制冷剂（图 4-62）。

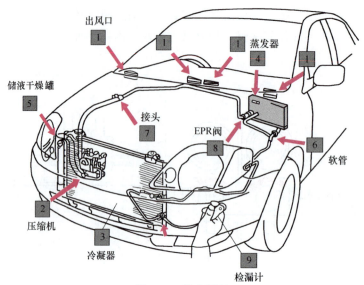

图 4-60 检查漏气

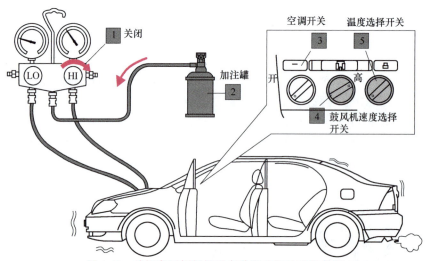

图 4-61 关闭高压侧阀门后启动发动机并运行空调

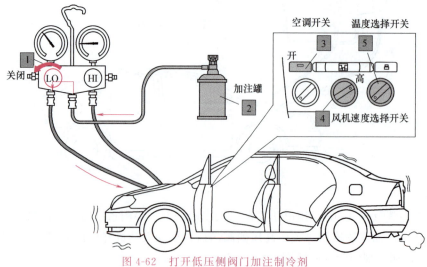

图 4-62 打开低压侧阀门加注制冷剂

加注条件:
发动机转速为1500r/min;
鼓风机速度控制开关处于"高"位;
A/C开关"开";
温度选择器为"最凉";
完全打开所有车门。
提示:加注量随车型不同而不同,应参照相关的说明书。
注意:低压侧加注制冷剂时制冷剂罐倒置将使空调气以液态进入压缩机,压缩液体将损坏压缩机(图4-63);不要加注过量,否则将导致制冷不足。

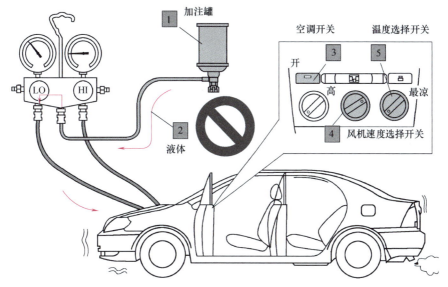

图4-63　低压侧加注制冷剂时不要将罐倒置

更换加注罐时,关闭高低压两侧的阀门。
更换后,打开驱气阀从中部的软管(绿色)和歧管压力表中放出空气。
发动机工作时不要打开高压侧的阀门,这将导致高压气回流至加注罐,造成破裂(图4-64)。

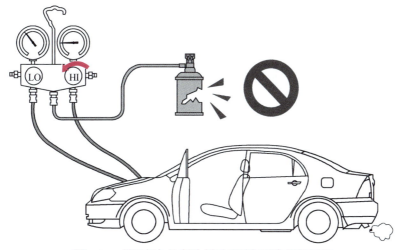

图4-64　低压侧加注制冷剂时不要打开高压侧阀门

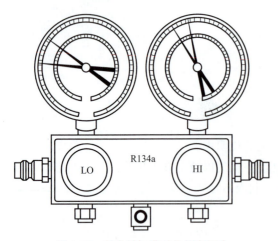

根据歧管压力表的压力显示检查制冷剂的加注量：在制冷剂加注量达到规定量时，歧管压力表的压力也应达到规定值，其规定的压力为（图4-65）：

低压侧，$0.15 \sim 0.25$ MPa（$1.5 \sim 2.5$ kgf/cm^2）；

高压侧，$1.37 \sim 1.57$ MPa（$14 \sim 16$ kgf/cm^2）。

提示：歧管气压计所示压力随外部空气温度而有轻微的变化。

制冷剂加注量符合要求后，关闭低压侧阀门并关闭发动机（图4-66）。

把加注软管从车辆侧维修阀门和制冷剂罐阀门上拆掉（图4-67）。

图4-65 制冷剂加满时的规定压力

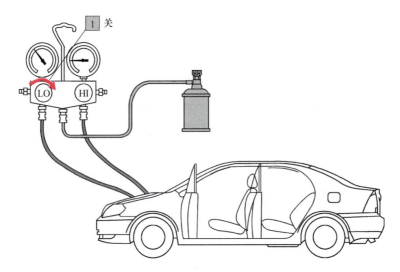

图4-66 关闭低压侧阀门并关闭发动机

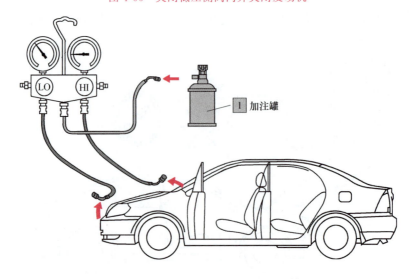

图4-67 拆卸歧管压力表和制冷剂罐

提示：歧管气压计所示压力随外部空气温度而有轻微的变化。

外部温度高时，加注制冷剂困难，可用空气或冷水降低冷凝器的温度（图4-68）。

外部温度低时，可用温水（40℃以下）加热制冷剂罐，这样可使加注比较容易（图4-68）。

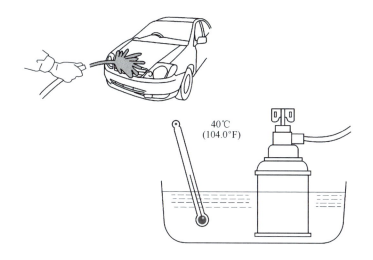

图4-68 用温水加热制冷剂罐或用冷水降低冷凝器的温度

最后检查制冷剂的加注量是否合适，空调系统运转是否正常。通过观察孔检查加注量，检查漏气和空调制冷状况（图4-69）。

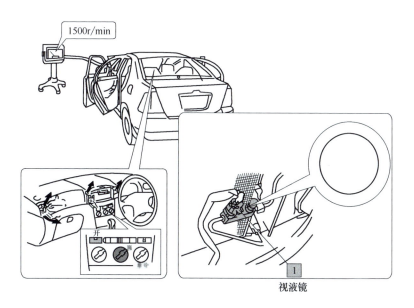

图4-69 检查制冷剂量和空调系统运转是否正常

4.2.3 拓展与延伸

（1）冷冻润滑油

在空调制冷系统中有相对运动的部件，需要对其润滑。由于制冷系统中的工作条件比较特殊,所以需要专门的润滑油——冷冻润滑油。冷冻润滑油除了起到润滑作用以外,还可以起到冷却、密封和降低机械噪声的作用。在制冷系统中的润滑油还有一个特殊的要求,就是要与制冷剂相容,并且随着制冷剂一起循环。因此在冷冻润滑油的选用上,一定要注意正确选用冷冻润滑油的型号,切不可乱用,否则将造成严重后果。

1902年,美国人威利斯·开利设计了第一个空调系统,1906年他以"空气处理装置"为名申请了美国专利。开利的发明缘于一个印刷作坊,印刷机由于空气温度与湿度的变化使得纸张伸缩不定,油彩对位不准,印出来的东西模模糊糊。为此开利打开了空调机商业化之门。自那以后的20年间,开利的空调逐渐被用来调节生产过程中的温度与湿度。并进入诸多行业,如化工业、制药业、食品及军火业。

(2)空调发展史

空调发明后的20年间,享受的对象一直是机器,而不是人。1922年开利工程公司研制成功在空调史上具有里程碑地位的产品——离心式空调机,简称离心机。离心机最大的特点是效率高,这为大空间调节空气打开了大门。从此,人成为空调服务的对象。

家用空调的研制始于20世纪20年代中期。1928年开利公司推出了第一代家用空调。但因经济大萧条和二次大战,空调一直没能得到广泛的应用。50年代后经济起飞,家用空调才开始真正走入千家万户。

20世纪60年代,新型的燃气空调在日本出现了。燃气空调是以燃气为能源的空调设备,与电力空调相比,具有如下优势:功能全、设备利用率高、综合投资省;设备能源利用率高、运行费用省;天然气为清洁能源,燃烧后产生的有害气体少;机械运动部件少、震动小、噪声低、磨损小、使用寿命长;制冷工质为溴化锂的水溶液,价格低廉且无公害。最为重要的是,大量使用燃气空调不仅有利于改善供电紧张状况,而且对于提高电力负载率,改善电力峰谷平衡率都有十分可观的效果。这不仅能解决能源综合利用,减少资源浪费,而且对于提高电力设备运转利用率和有效控制电力设备投资的盲目增长,降低电力成本和稳定供电能力都有显著的经济效益和社会效益。另外,大量使用燃气空调对于有效平衡燃气季节峰谷、提高燃气管网利用率、降低供气综合成本起到不言而喻的作用。

20世纪60年代末,日本从政府到民间一致推动燃气空调的发展,大约用了10年的时间,燃气空调占据了日本中央空调市场的85%左右。韩国在研究了日本的经验之后,也推动了燃气空调的生产和应用。如今,其燃气空调在国内市场上的占有率比日本还高。

20世纪70年代后期,世界各国对太阳能利用的研究蓬勃发展,太阳能空调技术也随之出现。随着太阳能制冷空调关键技术的成熟,特别在太阳能集热器和制冷机方面取得了迅猛发展,太阳能空调也得到了快速发展。

20世纪80年代初期,变频空调技术在日本开始运用。1982年,日本生产了第一台交流变频空调。变频空调是在普通空调的基础上选用了变频专用压缩机,增加了变频控制系统的空调。它的基本结构及制冷原理和普通空调完全相同。传统空调压缩机依靠其不断地"开、停"来调整室内温度,其一开一停之间容易造成室温忽冷忽热,并消耗较多电能。变频空调的主机是自动进行无级变速的,它可以根据房间情况自动提供所需的冷(热)量;当室内温度达到期望值后,空调主机则以能够准确保持这一温度的恒定速度运转,实现"不停机运转",从而保证环境温度的稳定。变频空调具有节能、噪声低、温控精度高、调温速度快、电压要求低、环境温度要求低等特点。

20世纪90年代中期,太阳能空调技术获得了长足的进步,真空管集热器和溴化锂吸收式制冷机大量进入了市场。新式太阳能空调的实现方式主要有两种：一是先实现光电转换，再用电力驱动常规压缩式制冷机进行制冷，这种实现方式原理简单、容易实现，但成本高，像青岛海尔就生产过这种太阳能冰箱和空调；二是利用太阳的热能驱动进行制冷，这种制冷方式技术要求高，但成本低、无噪声、无污染。后一种方式正得到越来越广泛的应用。

1998 年，变频空调技术取得了重大突破，日本研制出了直流变频技术，直流变频空调性能比交流变频空调更加优异。从这以后，直流变频空调迅速成为现代空调的主流，目前直流变频空调已在日本和欧美家用空调市场占 90％以上。在我国，继海尔在 1998 年率先推出国内首台直流变频空调以后，国内生产变频空调的厂家也迅速增加，中国变频空调市场尤其是直流变频空调市场开始有了突飞猛进的发展。

1999 年，燃气空调在中央空调领域也获得了重大的发展。空调使用大户美国由于早期电力基础设施雄厚，燃气空调的发展在相当长的时间里受到制约。1999 年 7 月，因连续高温导致空调用电剧增，美国国内推广燃气空调的呼声高涨。在 2000 年美国中央空调销售市场中，燃气空调份额迅速提高到 7％。欧洲、非洲及东南亚各国近几年对燃气空调逐渐有了认识，有许多销售商因看到其巨大的市场潜力而开始全面开展燃气空调的推广工作，现已取得实质性进展。中国的燃气事业起步较晚，发展速度也较慢，燃气空调占整个空调的比率还很低，燃气空调所耗燃气占燃气总消耗的比率更低。

进入到 21 世纪，燃气空调的发展前景更为广阔。如今，全球能源专家已充分认识到天然气将是 21 世纪的全球能源，随着燃气空调的巨大经济效益和社会效益逐渐被世人所了解和认识，燃气空调发展前景非常广阔，燃气空调的优势被全球能源专家和空调专家一致认同，许多国家已经或正准备实施一系列燃气空调推广措施。

（3）汽车空调发展

自 20 世纪 20 年代汽车空调诞生以来，伴随汽车空调系统的普及与发展，其发展大体上经历了五个阶段：

① 单一供暖空调装置阶段　始于 1927 年。它仅由加热器、通风装置和空气过滤器三者组成，其作用只能对车室内供暖。目前在寒冷的北欧、亚洲北部地区仍在使用。

② 单一供冷气空调装置阶段　始于 1939 年。美国帕克汽车公司率先在轿车上装上机械制冷降温空调器。

③ 冷暖型汽车空调器阶段　始于 1954 年。原美国汽车公司（AMC），首先在轿车上安装了冷暖型一体化空调器，这样汽车才真正具备了降温、除湿、通风、过滤、除霜等对空气调节的功能。该方式是目前低档车使用量最大的一种方式。

④ 自控汽车空调装置阶段　通用汽车公司 1964 年率先在轿车上应用自控汽车空调。自控空调通过各种传感器反馈的信息自动调节车内温度和空气的质量，从而满足舒适性的要求。

⑤ 电脑控制汽车空调阶段　自 1977 年美国通用汽车公司、日本五十铃汽车公司，同时将自行研制的电脑控制汽车空调系统装上各自汽车后，汽车空调技术已发展到一个新阶段。目前电脑控制的空调都装在豪华型汽车上。

思考与练习

1. 汽车 40000 公里维护的内容和 20000 公里维护的差异是什么？
2. 列出完成汽车 40000 公里维护学习工作任务需要查阅的资料名称、内容。

3. 列出完成汽车 40000 公里维护学习工作任务中的安全注意事项及环保要求（例如空调冷媒加注、CFC-12 制冷剂处理以及安全操作等事项）。

4. 火花塞的更换。

（1）点火系是怎样工作的？

（2）分析丰田花冠车点火系统。

（3）点火线圈过热有什么不好？导致过热的原因是什么？

（4）发动机点火系有了点火提前角的控制，为什么还要爆震控制？

（5）查阅资料明确丰田花冠轿车或其他车型火花塞检查及更换方法。

（6）列出本项检查更换的注意事项，分析为什么。

（7）列出本项工作选用的仪器设备、零配件、工具。

5. 散热器盖、油箱盖的检查。

（1）散热器盖为什么要设置单向阀？结构上出现什么变化单向阀不会起作用？

（2）如果散热器盖压力阀不能打开会产生什么后果？

（3）如果散热器盖真空阀不能打开会产生什么后果？

（4）为什么油箱盖要设真空阀？

（5）查阅资料明确丰田花冠轿车散热器盖、油箱盖的检查内容、方法。

（6）列出本项检查更换的注意事项。

（7）列出本项工作使用的仪器设备、零配件、工具。

6. 燃油滤清器的检查更换。

（1）查阅资料明确丰田花冠燃油滤清器的检查更换内容。

（2）列出本项检查更换的注意事项。

（3）列出本项工作使用的仪器设备、零配件、工具。

（4）为什么要定期更换燃油滤清器？不换对发动机工作有影响吗？

7. 活性炭罐的检查。

（1）查阅资料明确丰田花冠车活性炭罐的检查内容。

（2）列出本项检查更换的注意事项。

（3）列出本项工作使用的仪器设备、零配件、工具。

（4）活性炭罐损坏会有什么危害？

（5）一般活性炭罐有几个单向阀？各起什么作用？

（6）活性炭罐单向阀损坏为什么会污染大气？

8. 空调维护。

（1）查阅资料明确丰田花冠车空调维护内容。

（2）列出本项目维护的注意事项。

（3）列出本项工作使用的仪器设备、零配件、工具。

（4）丰田花冠车空调制冷系统由哪些元件组成？

（5）斜盘压缩机、摇板压缩机、曲轴连杆式压缩机各有什么特点？通常用在哪些车上？

（6）储液干燥罐和集液器各用在哪类制冷系统中？有什么区别？为什么？

（7）冷气是怎样送到车内的？气道的风门起什么作用？

（8）一般简单的空气净化系统和高级轿车的空气净化系统在结构、功能上有什么不同？

（9）压缩机为什么要设置电磁离合器？通常用什么部件来控制其通断？

（10）通常是怎样实现发动机在怠速时，打开空调发动机不熄火？

9. 40000公里维护项目涉及的内容不尽相同，它随车型、车况、客户的性格特征等情况而变。根据40000公里维护工单和已有的知识技能，制订本小组学习工作计划。

（1）怎样保证工作安全？

（2）工作操作流程（从准备到完成的工作流程）有哪些？

（3）怎样满足环保要求（涉及哪些环保要求，如何达到相关标准）？

（4）怎样保证工作质量和控制成本？

（5）在工具车上需要准备的仪器设备、零配件、工具有哪些？

汽车维护与保养中英文对照

汽车维护	Vehicle maintenance
汽车修理	Vehicle repair
汽车维修制度	System of vehicle maintenance and repair
汽车维修性	Maintainability of vehicle
汽车技术状况	Technical Condition of Vehicle
汽车完好技术状况	Good condition of vehicle
汽车不良状况	Bad condition of vehicle
汽车工作能力	Working ability of vehicle
汽车技术状况参数	Parameters for technical condition of vehicle
汽车极限技术状况	Limiting condition of vehicle
汽车技术状况变化规律	Regularity for change of technical condition of vehicle
运行缺陷	Operational defect
制造缺陷	Manufacturing defect
设计缺陷	Design defect
事故性缺陷	Accidental defect
汽车耗损	Vehicle wear-out
汽车零件磨损	Wear of vehicle part
磨损过程	Wear process
正常磨损	Normal wear
极限磨损	Limiting wear
允许磨损	Permissible wear
磨损率	Wear rate
机械磨损	Mechanical wear
化学损耗	Chemical wear
热磨损	Thermic wear
疲劳磨损	Fatigue wear

腐蚀性磨损	Corrosion wear
故障磨损	Failure wear
故障	Malfunctioning
断裂	Breakdown
损坏	Damage
更换(零件)	Replacing
擦伤	Scratching
刮伤	Scoring
点蚀	Pitting
粘附	Adhesion
咬粘	Seizure
烧伤	Burning
穴蚀	Cavitation
老化	Aging
疲劳	Fatigue
变形	Deformation
缺陷	Defect
汽车故障	Vehicle failure
完全故障	Complete failure
局部故障	Partial failure
致命故障	Critical failure
严重故障	Major failure
一般故障	Minor failure
汽车故障现象	Symptom of vehicle failure
抢气	Mixture robbery
呛油	Fuel fouling
盘车	Turning
飞车	Run way
工作粗暴	Rough running
早燃	Preignition
回火	Back fire
自燃现象	Dieseling (after run)
爆震(爆燃)	Detonation
火花(点火)爆燃	Spark knock
燃料爆燃	Fuel knock (gas knock)
不发火(不点火)	Misfiring
调速不匀	Hunting
过度停顿	Flat spot

续表

调速器工作不匀	Governor hunting
回流	Backflow
窜气	Blow-by
稀释	Dilution
滤清器阻塞	Clogged filter
润滑超量	Overlubrication
(气缸)上油	Oil pumping
(柴油喷射系)渗漏滴油	After dripping
(燃料系)气阻	Vapor lock
结胶	Gum deposit
敲缸	Knock
拉缸	Cylinder score
咬缸	Cylinder sticking
轴颈擦伤	Journal score
刮伤	Scuff
拉瓦	Bearing score
(化油器)汽湿现象	Percolation
化油器结冰	Carburetor icing
活塞敲缸	Piston knock (piston slap)
活塞裙部挤扁	Collapse of piston skirt
气门挺杆发响	Tappet noise (valve knock)
气门弹簧颤动	Valve spring surge
(蓄电池)硫化	Sulphation
(蓄电池)过度放电	Over discharge
(火花塞)铅沉积	Lead fouling
(火花塞)积炭	Carbon fouling
真空提前失效	Defective vacuum advance
高压线跳火错乱	Secondary wire crossfiring
转向反冲	Steering kickback
离合器炸裂	Clutch explosion
制动踏板发软	Spongy brake pedal
制动踏板费力	Hard pedal
制动器发响	Noisy brake
制动踏板过低	Low brake pedal
制动盘摆动	Disc runout
制动失效	Brake fade
减振器失效	Defective shock absorber
轮胎烧耗	Burn rubber

续表

轮胎急速磨耗	Peel rubber
漂滑效应	Hydro-planning (aqua-planning)
（由于紧急制动）紧急滑行	Impending skid
充气不足	Under-inflation
异响	Abnormal knocking
泄漏	Leakage
过热	Overheat
失控	Out of control
乏力	Lack of power
污染超限	Illegal exhaust and noise
费油	Excessive consumption of fuel and oil
振抖	Fluttering
故障率	Failure rate
平均故障率的观察值	Observed mean failure rate
故障树型分析法	Fault tree analysis
汽车维护类别	Class of vehicle maintenance
定期维护	Periodic maintenance
季节性维护	Seasonal maintenance
技术保养	Technical service
清洗	Washing
技术检查	Check-up
保养周期	Service cycle
保养里程	Mileage between services
每日保养	Daily service
防护	Preserving
冬季保养	Winter check-up
夏季保养	Summer check-up
走合维护	Running-in maintenance
汽车修理类别	Class of vehicle repair
汽车大修	Major repair of vehicle
汽车中修	Medium repair of vehicle
汽车小修	Current repair of vehicle
总成修理	Unit repair
零件修理	Parts repair
计划修理	Scheduled repair
定期修理	Regulating repair
视情修理	Repair on technical condition
非计划修理	Unscheduled repair

续表

修复	Reconditioning
修理里程	Mileage between repair
拆开	Separating
拆下	Withdrawing
拆卸	Disassembling
校正	Aligning
装配	Fitting
重新装配	Reassembling
调整	Adjusting
单独修理	Individual repair
汽车报废	Motor vehicle liquidation
报废	Scrapping
汽车维护工艺	Technology of Vehicle Maintenance
汽车维护作业	Operation of vehicle maintenance
汽车维护工艺过程	Technological process of vehicle maintenance
汽车修理工艺	Technology of vehicle repair
汽车修理工艺过程	Technological process of vehicle repair
技术检验	Technical checking
检视	Inspection
零件检验分类	Inspection and classification of parts
走合,磨合	Running-in
冷磨合	Cold running-in
热磨合	Hot running-in
修理尺寸	Repair size
走(磨)合期	Running-in period
走(磨)合过程	Running-in process
走(磨)合工况	Running-in conditions
加速磨损期	Period of accelerated wear
极限间隙	Limiting clearance
允许间隙	Permissible clearance
装配间隙	Assembling clearance
汽车维修工艺设备	Technological equipment of vehicle maintenance and repair
汽车修理技术标准	Technical standard of vehicle repair
汽车诊断	Vehicle diagnosis
汽车检测	Detecting test of vehicle
诊断参数	Diagnostic parameters
诊断规范	Diagnostic norms
汽车维修管理	Administration of Vehicle Maintenance

汽车维护方法	Method of vehicle maintenance
汽车维护流水作业法	Flow method of vehicle maintenance
汽车维护定位作业法	Method of vehicle maintenance on universal post
汽车修理方法	Method of vehicle repair
汽车修理流水作业法	Flow method of vehicle repair
汽车修理定位作业法	Method of vehicle repair on universal post
总成互换修理法	Unit exchange repairing method
周转总成	Reversible unit
混装修理法	Depersonalized repair method
就车修理法	Personalized repair method
汽车维修指标	Indices of vehicle maintenance and repair
汽车维护生产纲领	Production program of vehicle maintenance
汽车修理生产纲要	Production program of vehicle repair
汽车维修周期	Period of vehicle maintenance
汽车诊断周期	Period of vehicle diagnosis
汽车维修竣工辆次	Number of vehicle being received from maintenance or repair
汽车大修平均在厂车日	Average days in plant during major of vehicles
汽车大修平均在修车日	Average days during major repair of vehicles
汽车大修平均工时	Average man-hours of vehicle maintenance and repair
汽车维修平均费用	Average costs of vehicle maintenance and repair
汽车大修返修率	Returning rate of major repair of vehicle
汽车小修频率	Frequency of current repair of vehicles
汽车大修间隔里程	Average interval mileage of major repair of vehicles
汽车修理工人实物劳动生产率	Labour productivity of repair-man
汽车维护企业	Enterprise of vehicle maintenance and repair
汽车维护场（站）	Maintenance depot (station) of vehicles
汽车停车场（库）	Park
汽车修理厂	Vehicle repair plant
汽车总成修理厂	Unit repair plant for vehicle
汽车诊断站	Vehicle diagnosis station
汽车检测站	Detecting test station of vehicle
汽车维修网点	Network of vehicle maintenance and repair
汽车维修工具和设备	Instrument and Device for Vehicle Maintenance and Repair
螺丝刀	Screwdriver
花扳手	Ring spanner
锉刀	File
双头扳手	Double-ended spanner
鲤鱼钳	Combination pilers

续表

轮胎螺栓扳手	Wheel wrench
厚度规	Feeler gauge
杆式气缸量规	Bar-type cylinder gauge
气缸压力表	Cylinder compressor gauge
活塞台钳	Piston vice
活塞加热器	Piston heater
活塞环工具	Piston ring tool
活塞环钳（活塞环拆装钳）	Piston ring pliers（piston ring tongs）
压环器	Piston ring compressor
活塞环锉	Piston ring file
活塞销拉器	Piston-pin extractor
连杆校正器	Connecting rod alignment fixture
气门座刀具	Valve seat cutter
气门弹簧压缩器	Valve spring compressor
气门研磨工具	Valve grinding tool（valve lapper）
调整气门间隙扳手	Tappet wrench
浮子室液面仪	Float level gauge
歧管压力表	Manifold pressure gauge set
点火正时灯（正时观测灯）	Ignition timing light（stroboscope）
燃烧分析仪	Combustion tester
断电器触点闭合角	Dwell meter
火花塞间隙量规	Plug gap gauge
火花塞套筒扳手	Spark plug box（socket）spanner
蓄电池液体比重计	Battery hydrometer
汽车架	Car stand（jack stand）
轮轴架	Axle stand
前束量尺	Toe-in gauge
外倾测量器	Camber gauge
制动踏板压下器	Brake depressor
制动器放气软管	Hose for brake bleeding
车架量规	Frame gauge
轮毂拆卸器	Hub puller
车轮拆卸器	Wheel wrench
拆装轮胎用撬杠	Tire-lever
打气筒	Tire pump
螺旋千斤顶	Screw jack
轮胎压力计	Pressure gauge
油壶	Oil can

续表

手油泵	Manual fuel pump
黄油枪	Grease gun
启动摇把	Starting crank
工具袋	Tool bag
车身修整工具	Body bumping tool
发动机测功机	Engine dynamometer
发动机综合试验机	Engine analyzer
发动机示波器	Engine scope (oscillograph)
电子诊断式发动机试验仪	Electronic-diagnostic engine tester
滚筒式测功试验台	Roller type dynamometer (test bed)
发动机加速测功仪	Free acceleration engine tester
容积式油耗计	Volumetric fuel meter
红外线废气分析仪	Infrared rays exhaust gas analyzer
异响诊断仪	Abnormal engine noise diagnosis equipment
气缸漏气率检验仪	Cylinder leak tester
发动机分析仪	Engine analysis apparatus
进气歧管真空度表	Intake manifold vacuum meter
气缸压力表	Cylinder pressure gauge
调整用的试验检测仪	Tune-up tester
底盘测功机	Chassis dynamometer
底盘润滑机	Chassis lubricator
曲轴箱窜气量测定仪	Blow-by meter
反作用力制动试验台	Reaction type brake tester
惯性式制动试验台	Inertia type brake tester
转向盘间隙测量仪	Steering wheel freeplay gauge
测滑试验台	Side-slip checking stand
前照灯检验仪	Head light checking equipment
气缸孔垂直检验仪	Cylinder perpendicularity gauge
主轴承座孔同轴度检验仪	Main bearing aligning gauge
移动式车轮平衡机	Portable wheel balancer
固定式车轮平衡机	Wheel balancer
车轮动平衡机	Dynamic wheel balancer
镗缸机	Cylinder boring machine
气缸珩磨机	Cylinder honing machine
直线镗削机	Line borer
气门修整机	Valve reseater
(活塞)销孔珩磨机	Pinhole honer
曲轴磨床	Crankshaft grinding machine

续表

气门研磨机	Valve grinding machine
气门面磨光机	Valve refacer
气门座磨光机	Valve seat grinder
气门座偏心磨光机	Eccentric valve seat grinder
研磨机	Lapping machine
电子点火试验器	Electronic ignition tester
点火线圈试验器	Ignition coil tester
氖管火花试验器	Neon spark tester
电容器试验器	Condenser tester
电枢试验器	Armature tester
制动盘专用车床	Disc lathe
制动蹄片磨削装置	Brake shoe grinder
制动鼓车床	Brake drum lathe
制动液自动更换装置	Brake flusher
（液压）制动系空气排除器	Brake bleeder

[1]　彭光乔，姚博翰. 汽车保养与维护［M］. 北京：北京理工大学出版社，2011.
[2]　黄伟. 汽车行驶、转向和制动系统检修［M］. 杭州：浙江大学出版社，2015.
[3]　韩超，张健. 汽车维护与保养［M］. 北京：人民邮电出版社，2016.
[4]　朱汉楼. 汽车维护与保养［M］. 杭州：浙江大学出版社，2017.
[5]　巴福兴. 汽车保养与维护［M］. 西安：西安电子科技大学出版社，2017.
[6]　梁其续，关向文. 汽车底盘检修［M］. 北京：中国劳动社会保障出版社，2016.
[7]　李伟. 图解新型汽车底盘拆装与检修［M］. 北京：机械工业出版社，2013.
[8]　孙海波，倪晋尚. 汽车发动机检修［M］. 北京：人民邮电出版社，2015.
[9]　李兴卫. 汽车使用性能与检测［M］. 成都：西南交通大学出版社，2016.
[10]　吴兴敏，李晓峰. 汽车整车性能检测［M］. 北京：北京理工大学出版社，2016.